ACCEPTATION
GLOBALE

François Benoit – Philippe Chauveau

ACCEPTATION GLOBALE

Boréal

Données de catalogage avant publication (Canada)

Benoit, François

Acceptation globale

2-89052-160-5

1. Québec (Province) — Conditions sociales — Anecdotes, facéties, satires, etc. 2. Jeunesse — Québec (Province) — Anecdotes, facéties, satires, etc. I. Chauveau, Philippe, 1960-   II. Titre.

HN110.Q8B45 1986   971.4'04'00207   C86-096231-8

Maquette intérieure,
photocomposition et montage:
Ateliers Graph-Express

Illustrations: Pierre Pratt — Rémy Simard

Diffusion pour le Québec:
Dimedia: 539, boul. Lebeau
Saint-Laurent (Québec) H4N 1S2

Diffusion pour la France:
Distique: 17, rue Hoche
92240 Malakoff

© Les Éditions du Boréal
5450, ch. de la Côte-des-Neiges
bureau 212, Montréal H3T 1Y6

ISBN 2-89052-160-5

Dépôt légal: 2e trimestre 1986
Bibliothèque nationale du Québec

Avertissement

Ce livre traite de la jeunesse. Au Québec on retrouve des jeunes et des faux jeunes, les seconds écrasant les premiers sous leur nombre. Comment ne pas confondre les uns avec les autres? Pour ne pas entretenir d'équivoque, nous désignerons immédiatement la vraie jeunesse en nous servant du seul critère reconnu par cette génération matérialiste: les chiffres. Dans ce livre, le terme jeunesse désigne les personnes âgées de vingt à trente ans. C'est à eux que ce manifeste s'adresse et à tous ceux qui veulent encourager les jeunes auteurs.

Un manifeste

ACCEPTATION GLOBALE

Un spectre a obsédé le Québec en 1985. Ce spectre s'appelait: la jeunesse. Comme tout spectre qui se respecte, il était pauvre, maigre et hantait, en fait de ruines, les bureaux de l'assurance-chômage, en quête d'emplois disparus depuis longtemps.

Alarmés, de bons samaritains se sont vite penchés sur le cas des jeunes pour les aider, même s'ils n'étaient ni veuves ni orphelins. Mais, horreur, la jeunesse n'était plus ce qu'elle avait été. Au dire des sondages, elle était devenue apolitique, égoïste, opportuniste, américanisée, corporatiste, conservatrice dans sa vie privée et même, honteux retour en arrière, dans sa vie sexuelle. Par ailleurs, elle ne savait plus lire, et à peine écrire.

Les jeunes, dès lors taxés d'« affreux », se sont vus rejetés dans les oubliettes d'où on les avait malencontreusement sortis. Pour le prix de dix deniers et de quelques crucifiés, on s'en est lavé les mains.

C'était injuste. À notre avis, toutes les considérations négatives sur les jeunes n'étaient que billevesées, coquecigrues suivies de palinodies, elles-mêmes balivernes chantées sur des airs de sornettes. Et c'est même pas vrai. La preuve en est que tous les mots compliqués que nous venons d'écrire existent réellement dans le dictionnaire et que nous les avons placés là pour montrer qu'on sait encore écrire.

Nous étions certains que ces jeunes rebuts de la société étaient récupérables et qu'il fallait leur laisser une chance. Un seul argument suffisait à nous convaincre de la justesse de cette opinion: nous, les auteurs, faisons partie du groupe des déchets.

Nous avons alors décidé de nous mettre au travail pour écrire un pamphlet qui serait pour les jeunes ce que le *Refus global* a été pour les Québécois en 1948 et ce que le *Manifeste du parti communiste* a été pour les ouvriers: il s'agissait, en fin de compte, de devenir célèbres.

Une seule différence avec les manifestes précédents: le nôtre avait aussi pour but de rapporter beaucoup de droits d'auteur. Jeunesse et réputation obligent.

Outre tout cela, notre manifeste se devait de dénoncer l'injustice faite à notre égard, d'en expliquer les raisons et la genèse puis de prendre fermement position avec toute la (mauvaise) foi exigée de ce genre d'exercice.

En 1948, quelques jeunes artistes souffrant d'un problème de relations publiques (difficulté à s'exprimer, absence de débouchés...) se sont réunis pour jeter à bas la société de leurs pères en écrivant et en signant un libelle destiné à devenir le phare de la génération suivante: le *Refus global*.

En 1986, 38 ans plus tard, nous nous sommes réunis pour contester l'héritage laissé par les deux précédentes décennies, la tranquillité, en écrivant et en signant (sous un pseudonyme) un nouveau manifeste: l'*Acceptation globale*.

Et si cela s'avérait insuffisant pour retirer les jeunes déchets des mains des éboueurs, nous n'hésiterions pas à prôner une charmante coutume africaine

ACCEPTATION GLOBALE

qui veut que chaque année les jeunes secouent le cocotier à la cime duquel sont groupés les anciens; ceux qui tombent perdent le pouvoir (et accessoirement se cassent le cou). Nous nous associons volontiers à cette tradition.

À la remarque: « Vous, les jeunes, vous êtes rétrogrades et réfractaires, après tout ce qu'on a fait pour l'humanité vous ne pensez qu'à l'argent et à votre plaisir! », l'*Acceptation globale* s'assume et répond avec fierté: « Oui, je suis tout à fait d'accord, échangerais-tu ta Volvo contre mon B.S.? »

Mais trêve de bavardage. Ce manifeste, vous l'avez sous les yeux. Pour comprendre quel est le vrai problème des jeunes, nous allons commencer par étudier quelles sont les influences qui ont bercé notre enfance.

Une histoire de générations

ACCEPTATION GLOBALE

L'histoire du Québec des trente dernières années se confond avec la Révolution tranquille, inaugurée, de façon tangible, par le manifeste du *Refus global*. Entre ce premier manifeste et l'*Acceptation globale*, il s'est écoulé 38 ans: le temps que la révolution fasse tranquillement ce que son nom lui imposait de faire: un tour sur elle-même. La boucle se boucle et notre manifeste vient faire le bilan du précédent. Pour résoudre un problème dont personne n'a encore percé le secret, il faut tenter une nouvelle approche, aborder la question sous un angle inexploré. De même, pour solutionner les difficultés des jeunes, que toute une Année de la jeunesse n'a fait que compliquer, il fallait chercher un nouveau point de vue. Si l'explication de la situation des jeunes doit se trouver dans l'histoire de la Révolution tranquille, ce n'est sûrement pas à l'intérieur de l'analyse traditionnelle et classique qui a déjà été faite de cette période.

Il fallait écrire une nouvelle histoire de la Révolution tranquille. Et quel nouveau regard fallait-il jeter sur notre passé? Le nôtre, évidemment, parce que lorsque les plus âgés, atteints de presbytie, décident de confondre anciens hippies et jeunes des années 80 et que ces mêmes anciens hippies sont frappés de myopie en se concentrant sur leur vécu, les jeunes sont pris hors foyer et ne partagent plus du tout la même optique.

Nous nous sommes donc attachés à la réécriture du passé.

Nous avons découvert que, au cours des der-

ACCEPTATION GLOBALE

nières 38 années, trois générations s'étaient présentées sur le marché du travail. Chacune de ces générations, aujourd'hui encore actives, a créé une nouvelle façon de voir les choses, une nouvelle façon de travailler, une nouvelle philosophie. À nouvelle histoire, il fallait nouvelle nomenclature. Nous avons donné à chacune de ces générations un nom correspondant à ses activités. Nous les avons nommées la génération du Modernisme global, la génération du Refus global et, la dernière, mais non la moindre, la génération de l'Acceptation globale.

Pour ne pas alourdir le texte inutilement, nous aurons souvent recours à des abréviations pour identifier chaque mouvement. Ainsi:

MG signifie: modernisme global
　　　　　ou moderniste globaliste
RG signifie: refus global
　　　　　ou refus globaliste
AG signifie: acceptation globale
　　　　　ou accepteur globaliste

Pour mieux les connaître, il vous suffit de lire les pages qui suivent.

ACCEPTATION GLOBALE

Qui sont les modernistes globalistes?

Les membres de cette génération ont maintenant plus de 45 ans. Ils ont vécu la période dite de la grande noirceur. Comme ils n'aimaient pas la nuit, ils ont apporté la lumière électrique au Québec. À l'occasion de la guerre de 1939-1945, cette cohorte d'âges s'est intéressée à l'Europe. Beaucoup en profitèrent pour aller y faire un tour, certains même pour s'y chercher un diplôme. Tous en revinrent catastrophés. En comparaison, le Québec faisait piètre figure. C'était, à les entendre, la faute des religieux et des Anglais. Le slogan officiel de toute cette époque devint: « On fait dur!ȼ. Il fallait de toute urgence moderniser le Québec.

L'Église omniprésente ne protesta pas. Tout irait bien tant que l'on ne mettrait pas en cause sa compétence dans les secteurs de l'esprit: la culture, l'éducation et la religion.

Tout le monde n'avait pas compris cela: en 1948, plusieurs artistes signèrent un manifeste, le *Refus global*, où il était effectivement question de refuser l'autoritarisme et l'obscurantisme, assassins de la pensée québécoise. Ils étaient jeunes, ils étaient idéalistes, ils y croyaient. Ils perdirent tous leur emploi. Mais leur effort ne serait pas perdu: la génération suivante s'en inspirerait.

ACCEPTATION GLOBALE

Pour le moment, la génération née dans l'entre-deux-guerres continuait à bâtir le Québec. Elle voulait tout moderniser, d'où le nom que l'on peut lui donner: le modernisme global (MG). Animés d'une énergie indomptable, les MG s'activèrent en profitant des ouvertures qui leur étaient offertes. En 1959, une bonne occasion se présenta: le leader autocratique du Québec, Maurice Duplessis, s'éteint de manière inopinée quoique opportune. Le chemin était libre: à partir de ce moment, la grammaire politique du Québec élimina le passé et conjugua tout au futur. « Désormais... » comme disait celui qui est devenu un centre sportif.

S'ils se démarquent de la génération précédente par leur idéal et leurs actions, les MG se servent des mêmes armes que leurs aînés: la logique et les citations apprises dans les collèges classiques.

Les MG ont beaucoup d'énergie. Ils nationalisent celle de l'eau (Hydro-Québec) et de l'argent (Caisse de dépôt et de placement). Profitant de ce que l'Église est occupée à autre chose, les MG l'expulsent proprement du Département de l'Instruction publique. Ce qui eut peu d'effets: les décideurs roulent toujours leurs « r » de la même manière inspirée, on débat de tous les problèmes de l'éducation comme s'il s'agissait du sexe des anges. Bref, l'Éducation est tout un ministère. Mais dorénavant, les fonctionnaires sont payés. Le Québec devient moderne.

ACCEPTATION GLOBALE

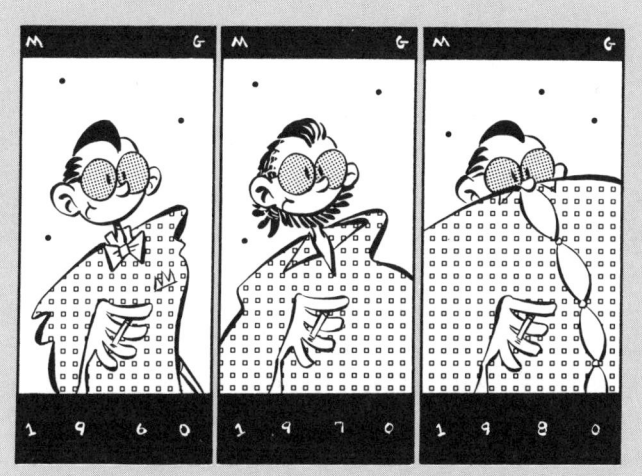

En résumé, les membres de la génération du modernisme global sont nés avant 1941 et ils ont fait la Révolution tranquille, Hydro-Québec et les cégeps. Bref: le Québec. Ils se sont toujours activés et ils continuent à se dépenser même si parfois ils ne savent plus trop pourquoi. Leur idéologie peut se résumer de façon concise: soyons québécois, modernes et marchons!

ACCEPTATION GLOBALE

Qui sont les refus globalistes ?

Après la Deuxième Guerre mondiale, un engouement pour la famille et la reprise de l'économie poussèrent les gens à avoir beaucoup d'enfants, qui ont aujourd'hui entre 30 et 45 ans. L'arrivée de ces enfants a fait un boum dans les statistiques. Mais un petit boum, un petit petit boum; c'est d'ailleurs pourquoi on l'appela le Baby Boom. Les enfants de cette époque sont très nombreux. De ce fait, ils jouent souvent en groupe; ils garderont toujours de ces jeux collectifs une indéniable mentalité grégaire et leurs premières « connections ».

Les parents du jeune refus globaliste lisent assidûment le docteur Spock. Les enfants, eux, écoutent attentivement les aventures de l'officier Spock. Le premier, médecin, prône le laisser-faire. Le second est un Vulcain aux grandes oreilles qui propose d'explorer de nouveaux mondes, de reculer les frontières de l'inconnu.

De cette méprise entre deux homonymes naîtra une différence dans les perspectives qui se transformera bientôt en un authentique conflit de générations.

À l'âge ingrat des revendications adolescentes, le refus globaliste s'est retrouvé devant un parent inoculé au docteur Spock: conscient, attentif et permissif. À son premier mouvement de contestation, le

ACCEPTATION GLOBALE

jeune refus globaliste ne reçut pas, comme il s'y attendait, une bonne paire de gifles, mais de l'affection et de la compréhension. Il eut la désagréable impression que ses parents ne se préoccupaient pas de lui. Il récidiva. Même réponse. Ce manque de contrôle parental pousse le RG en herbe à chercher chez ses camarades de jeux l'encadrement qui lui a fait défaut. Mais quand une personne souffrant d'insécurité se joint à 99 autres ayant le même problème, cela ne fait pas 100 personnes réconfortées. C'est pourquoi le RG cherche de tous côtés, dans les nouvelles modes comme dans les nouvelles religions, l'autorité qu'il n'a pas connue. Aux dernières nouvelles sa quête n'était pas terminée.

Autre conséquence: le jeune refus globaliste comprend rapidement qu'il n'a qu'à demander pour recevoir, qu'à contester pour être écouté, qu'à être « contre » pour amasser. Les modernistes globalistes croyaient, par cette méthode avant-gardiste, favoriser sainement le développement de leur progéniture. Résultat: les refus globalistes, conscients de leur pouvoir, s'uniront pour tout rejeter d'un bloc, pour, à leur habitude, être « contre ». « Manifestons » deviendra leur mot d'ordre fondamental. On la nomme génération du « refus global » parce que son histoire ressemble à un manifeste continuel axé sur le Contre, position adoptée, mais dans un autre contexte, par les auteurs du *Refus global* de 48.

Tiraillé entre la recherche d'une identité personnelle et la contestation à jamais recommencée, la

ACCEPTATION GLOBALE

génération RG évolue beaucoup, mais toujours avec les copains qu'on s'est fait dans ses premiers carrés de sable. « Ensemble », pour eux, n'est pas seulement un slogan, c'est une réalité. Unis et d'un seul bloc, les RG ont traversé différentes modes. En fait, toutes les modes. D'abord, il y eut le contestataire québécois: un curieux hybride du hippie américain et du soixante-huitard français pour qui la vie consistait à se promener tout nu dans une coccinelle rose en grattant sa guitare et à fumer un bon joint tout en se laissant pousser les cheveux et les dents. Comme tout bon hippie, le contestataire québécois est certain que sa simple présence pacifique améliore le monde. À défaut de changer le monde, certains hippies changeront de monde. Question de dosage.

Après la période hippie, le RG s'est transformé en contestataire nationaliste qui chantait des mélodies folkloriques, élevait des chèvres, portait des jupes paysannes, des bottes de chantier et dessinait partout des fleurs de lys.

De manifestation en manifestation, le RG continue des études qu'il conteste dans une société qu'il dénigre en adhérant à toutes les idéologies un tant soit peu marginales: syndicalisme, féminisme, illusionisme... Quand toute une génération adopte en même temps le même comportement marginal, cela devient une mode, souvent lucrative. « RG » pourrait donc désigner également « récupération globale ».

Puis vient le moment de se trouver un emploi.

ACCEPTATION GLOBALE

Au sortir de ses études ou au retour d'un voyage de trois mois en Europe, le RG se cherche une occupation à la mesure de ses capacités de consommation. Mais pas n'importe quel travail: il faut changer le monde. L'emploi ne sera qu'une autre façon de transformer et de conscientiser la société. Simple coïncidence, le bon vieux secteur public, sous la pression des changements apportés par les MG, employait n'importe qui sans demander beaucoup de compétences. Mais le RG ne se renie pas: il continue à être « contre ». Contre les conditions de travail du secteur public, contre les salaires du secteur public, contre l'insécurité d'emploi du secteur public. Bref: contre l'État qui le paie.

Ainsi, petit à petit, en brandissant le drapeau du refus global et en refusant tout, les refus globalistes en ont subrepticement profité pour prendre et garder ce qu'ils disaient leur revenir de droit: la liberté et les moyens de la vivre. Bref, l'argent.

Toute chose n'étant pas parfaite en ce bas monde, un nuage sombre se profile à l'horizon des RG: l'entité représentant le « contre » et en qui ils ont investi toutes leurs aspirations prend le pouvoir. En 1976, le Parti québécois est élu. Le premier mouvement d'euphorie passé, les RG ont compris quelle immense erreur ils venaient de faire: pour la première fois de leur vie, ils se retrouvaient « pour ».

Les RG ne sont pas encore remis de ce coup du sort. N'ayant plus d'ennemis contre qui se liguer, le mouvement s'est effrité en une multiplicité de

ACCEPTATION GLOBALE

contestations individuelles. En attendant le jour bienheureux où une défaite du PQ remettrait le monde à l'endroit et où ils pourraient reparler de le remettre à l'envers ou vice versa, les RG se sont attachés à leurs stricts besoins naturels tels que l'argent, la nourriture européenne, la qualité de la vie, le condominium, la Volvo...

De nos jours les RG ont les cheveux courts mais la dent toujours aussi longue. À la suite de leurs luttes sociales, ils ont la sécurité d'emploi, de bonnes conditions de travail et d'excellents salaires. Mais la nostalgie s'est installée à jamais dans leur âme et on peut souvent les voir, attablés à une terrasse de la rue Saint-Denis, sirotant un Perrier-citron ou un blanc-cassis, regrettant le bon vieux temps où ils pouvaient être « contre » avec tout le monde. En attendant, ils peuvent toujours s'en prendre à la nourriture ou au service et faire renvoyer le serveur par le patron qui est un ami de longue date. Faute de grives, on mange des merles.

ACCEPTATION GLOBALE

En bref, les refus globalistes sont nés entre 1941 et 1956; ils ont fait la révolution étudiante et refusé le travail salarié. Ils sont maintenant confortablement rémunérés mais refusent toujours de croire que ça leur est arrivé.

Qui sont les accepteurs globalistes ?

Le AG est né entre 1956 et 1966. Il a entre vingt et trente ans. Rejeton d'un MG très occupé à construire le pays et cadet ou cadette d'un RG s'appliquant à vivre son adolescence, le AG se trouve plus souvent qu'à son tour avec une gardienne. Petite différence avec les bonnes d'antan, la gardienne peut se brancher à n'importe quelle prise de courant de 110 volts. Pour le AG et la télévision, une longue histoire commence.

Le AG grandit et va à l'école. Entre les professeurs qui cherchent à le divertir et la télévision qui veut l'éduquer, le AG évolue, mais il ne perd pas sa naïveté; il regarde son téléviseur avec la placidité bonasse des vaches qui admirent le passage des trains.

Mais les années de vaches grasses sont bientôt finies. La vache maigre et, particulièrement pour les AG, la vache enragée sont inscrites au menu social. Comme le marché du travail s'était distendu au maximum pour accueillir les enfants du Baby Boom (les RG), il n'y a plus de place pour les AG.

À vingt ans, l'heure des bilans sonne. Le AG constate d'abord qu'il n'a pas le poids démographique du RG. Il ne peut conséquemment pas espérer la même sollicitude de la part des MG pour qui il fait partie du groupe générique des « jeunes », au même

ACCEPTATION GLOBALE

titre que les RG. Il remarque ensuite que les RG ne sont encore que dans la trentaine; non seulement ils bloquent tous les emplois, mais de plus ils vont les bloquer encore longtemps. Il note finalement que sa génération ne s'est pas mobilisée contre un ennemi commun mais qu'elle s'est plutôt atomisée. Cette multitude de petits groupes tolérants mais sans cohésion manque du poids nécessaire à toute revendication.

Après tous ces constats, le AG se tourne vers la littérature et s'empresse d'obtenir la dernière copie de *Suicide: mode d'emploi*.

Le premier mouvement de découragement passé, ceux qui ont survécu tentent malgré tout de trouver un emploi mais se butent toujours à un RG qui occupe le poste convoité. La contestation? Hélas, les RG occupent également tous les créneaux de la contestation.

Ainsi, après avoir vu la génération précédente brandir le *Refus global* et en profiter pour tout prendre, le AG comprend quel sombre destin était le sien: ne rien avoir. Il commence à soupçonner que la révolution des RG, comme toute bonne révolution, avait pour but non pas le bien commun mais bel et bien la prise du pouvoir par le groupe contestataire. Dans le but de combattre ceux qui se déclarent « contre », il décide de devenir « pour » et, prenant le contre-pied du refus global, il s'identifie à l'acceptation globale, attitude foncièrement pragmatique qui consiste à ignorer les discours RG et à prendre tout ce qui

ACCEPTATION GLOBALE

pourra lui permettre de survivre. Il est désormais prêt à tout accepter mais ne reçoit toujours rien, sinon les critiques des RG qui n'apprécient pas qu'on mette en doute ce qu'ils ont fait pour le Québec et pour le monde, et qui proclament bien haut le caractère sordidement matérialiste de cette nouvelle génération.

En bref, la génération de l'acceptation globale est née entre 1956 et 1966. Les enfants de cette génération ont été élevés entre la Révolution tranquille et la Révolution psychologique. À part un changement de vocabulaire, il n'y ont pas vu d'évolution. Ils attendent toujours que quelque chose arrive en se faisant traiter d'arrivistes et de conservateurs par des avant-gardistes à l'arrière-garde monétaire généreusement pourvue.

ACCEPTATION GLOBALE

Nous tenons à dire, pour protéger ceux qui le méritent et pour donner de bonnes excuses aux autres, que ces catégories d'âges ne sont pas exclusives et qu'on peut ne pas faire partie du mouvement dont on a l'âge et vice versa.

Ces trois générations ont façonné l'histoire moderne du Québec. Si l'on tient pour acquis que les MG ont été les parents de la Révolution tranquille, alors les RG en sont les enfants et les AG les petits-enfants.

Résumons leurs réalisations: les MG ont engraissé le Québec, puis ils ont cédé le bâton de berger aux RG. Les RG ont déposé le bâton de berger pendant qu'ils dégustaient le steak qu'était devenue la Belle Province. Et quand les AG sont venus demander du bouillon, les RG leur ont donné du bâton sur la tête.

À entendre parler les RG, les années qui précédèrent les années 80 ont été des années de rêve. Cette époque lointaine était belle et merveilleuse.

Les jeunes, c'est-à-dire ceux qui n'étaient pas là, manquent de données pour savoir ce qui s'est réellement passé et risquent de développer un sentiment de misérabilisme en comparant leur époque avec celles qui ont précédé.

On se demande comment la situation a pu se dégrader aussi rapidement. À croire que tout s'est gâché avec l'arrivée des AG...

ACCEPTATION GLOBALE

En fait, le terme « années de rêve » est juste: on n'a pas rationné la poudre aux yeux, ni au nez, pour enluminer la réalité. Est-ce pour tromper les jeunes ou pour s'illusionner eux-mêmes que les protagonistes de ces épopées ont travesti l'histoire?

La connaissance de nos trois générations ne nous permet pas de répondre à cette question ni de régler le sort des jeunes, mais elle nous permettra de ne plus considérer notre histoire récente comme l'Eldorado qu'elle n'est pas, mais plutôt comme les miettes qui en sont restées.

Les miettes
ou La révolution c'est tranquille

ACCEPTATION GLOBALE

L'enseignement

L'éducation a toujours été considérée comme l'outil indispensable à l'évolution d'une société. Nulle surprise donc, si les modernistes globalistes ont voulu s'emparer de ce secteur de la vie publique et l'adapter à leur vision. Comme on voulait transformer un porteur d'eau en exportateur d'énergie hydro-électrique, il fallait l'envoyer au plus vite à l'école avec, bien entendu, les instruments pédagogiques les plus modernes, c'est-à-dire les plus américains.

Pour que tout le monde puisse suivre la formation qu'il désire, les MG ont commencé par évincer les religieux des écoles, ils ont institué les cégeps, les

P O U B E L L E M G

polyvalentes et quelques nouvelles universités, puis ils ont transformé les méthodes d'enseignement. Voyons un peu comment la révolution de l'éducation a influencé nos trois générations.

Si les MG ont connu des écoles aux pédagogies coercitives et moyenâgeuses, une institution peuplée d'inquisiteurs aux sombres soutanes, celle-ci avait au moins l'avantage de leur apprendre à lire et à écrire et leur assurait, à l'obtention de leur diplôme, un emploi respectable.

Les plus aventureux, qu'une profession libérale n'attirait pas, se risquaient même parfois de l'autre côté de l'océan pendant quelques années pour y acquérir une solide formation et revenir en faire profiter le Québec.

Les RG ont connu les premières mutations des cégeps et de l'université. Ils les ont contestés. À leur avis, ces écoles débordaient de vestiges d'une éducation répressive qui ne pouvait en aucun cas permettre à un individu de se développer. Il fallait se débarrasser des professeurs, des cours, des examens, des notes et les remplacer par des fleurs, des tentes et des concerts rock. Manifestations, libération, imagination se traduisaient par: « On occupe la résidence des filles, on fume un joint et on les libère de leurs inhibitions. » Quel meilleur endroit que l'école pour critiquer le système capitaliste? Surtout quand, étant donné la pénurie de main-d'œuvre, on a son emploi en poche avant même d'avoir son diplôme.

Les RG sont eux aussi allés en Europe, pour

quelques mois de vacances. Ce qui leur a permis de revenir en vitesse occuper les postes de professeur de cégeps ou d'université qui s'ouvraient. Si, auparavant, l'école apportait beaucoup, à partir de ce moment elle se met à rapporter énormément.

Un autre aspect de la réforme de l'éducation a été la fondation de l'Université du Québec, dite LUDUCU. Cette institution a constitué une véritable révolution. Enfin il y avait un endroit où les jeunes bien nantis mais mal dans leur peau pourraient devenir fonctionnaires, syndicalistes ou représentants du peuple diplômés et certifiés. LUDUCU a constitué une filière d'entrée particulièrement prisée pour «changer le système de l'intérieur», c'est-à-dire l'adapter aux besoins de la génération RG.

POUBELLES RG

ACCEPTATION GLOBALE

Mais ce sont les AG qui ont vraiment profité à plein de la réforme de l'éducation. De leurs premières classes à la fin du cégep, ils ont pu essayer les quatre mille six cent quarante-sept programmes cadre, les douze mille sept cent soixante-douze recommandations et les quatre cent mille sept cent trente-quatre avis que les fonctionnaires du ministère de l'Éducation, en pleine effervescence, inventaient chaque année.

Les enseignants et le personnel de soutien, tous pleins de la même ardeur pédagogique, ne voulurent pas être en reste. Ils décidèrent de participer eux aussi à ce renouveau. Ils ont basé leur enseignement sur le « vécu, l'expérimentation en milieu réel et la répétition », pour inculquer aux élèves certaines valeurs sociales. Leur dévouement a très bien servi. Les AG ont pu tout apprendre sur les stratégies syndicales, les grèves sauvages et la désobéissance civile. Si les AG n'étaient pas encore assez âgés pour prendre une part active à ces pédagogies, ils l'étaient suffisamment pour en faire les frais.

Après avoir erré de programme en programme, de grève en grève, dans des polyvalentes en forme de bloc de béton et dans des cégeps conçus pour servir d'entrepôts, les AG sont allés à l'université se chercher un diplôme qui, en aucun cas, ne leur assurera un emploi. Deux surprises les attendaient.

L'éducation s'était démocratisée au Québec. Pour assurer l'égalité des chances, les standards académiques ont été modifiés à la baisse. D'année en

ACCEPTATION GLOBALE

année, cette chute s'est poursuivie et comme beaucoup de personnes étaient occupées à la Révolution de l'éducation (les MG pour la faire et les RG pour la commenter) personne n'a pensé à ralentir le mouvement. Cette tendance conjuguée au resserrement du marché du travail fait qu'on exige maintenant une maîtrise pour des emplois qui demandaient beaucoup moins il y a quelques années. Les AG munis de leur maîtrise sont condamnés à se faire refuser des emplois qu'occupent des gens qui n'ont qu'un DEC.

D'autre part, le ministère de l'Éducation a entrepris d'établir l'égalité des sexes dans les universités. Les femmes, naguère confinées aux rôles peu valorisants d'infirmières et de maîtresses d'école, pouvaient maintenant aller à l'université et étudier le

P O U B E L L E A G

ACCEPTATION GLOBALE

nursing ou la pédagogie, à moins qu'elles ne préfèrent s'inscrire en sciences humaines et sociales pour y trouver un mari (sûrement pas un emploi par les temps qui courent).

En vingt-cinq ans de réformes, les MG ont pu construire beaucoup d'édifices plus ou moins laids et encore plus de programmes. Les RG ont pu profiter de la mégalomanie des MG (qui ont construit beaucoup plus de polyvalentes et de cégeps que nécessaire) pour se trouver de bons emplois et y traiter les étudiants AG de matérialistes et d'inconscients.

Les AG, après avoir vainement essayé d'apprendre à lire sans livres et à écrire sans crayons, ont aujourd'hui la joie de voir la réforme remise en question et la chance de ne plus être à l'école pour subir les prochains programmes.

La médecine

L'histoire de la médecine a vu se modifier la conception du corps et se dessiner en conséquence un rapport différent à la santé.

Les MG ont procédé en 1960 et 1970 à une réforme des soins de santé tellement brillante, tellement structurée, qu'on est encore aujourd'hui à essayer de voir pourquoi ça ne marche pas parfaitement. Mais une chose demeure: les problèmes physiques sont désormais soignés gratuitement.

En rupture constante avec les MG, la génération des RG décrète que les maux du corps étaient d'abord ceux de l'esprit qu'elle appela *moi*, *libido*, *personnalité* et *vécu*. Cette génération idéaliste se mit donc à travailler son ego avec la même ardeur qu'elle allait mettre plus tard à façonner son corps dans les studios de santé. Évidemment, les thérapies ordinaires et bêtement traditionnelles ne suffisaient plus à cette génération verbo-motrice. On en inventa d'autres. C'est ainsi que sont nées des thérapies par le cri, la danse, le tarot et les aiguilles. Les femmes RG ont eu le bonheur de pouvoir consulter des thérapeutes féministes. Il s'agissait non pas tellement de se concentrer sur le problème de la patiente, mais de faire du *consciousness raising*, d'élever le niveau de conscience de ces femmes-impatientes. Autrement dit, si ton père t'a violée, ce n'est pas parce qu'il est ton père, mais parce qu'il est un homme. La femme qui haïssait ses parents a donc pu élargir ses horizons et détester du coup tous les hommes.

Toutes ces thérapies n'avaient pas la même base théorique mais s'accordaient sur un point: c'était cher. Question de faire participer le patient à sa guérison en l'impliquant dans le traitement. Et s'il fallait payer comptant, c'était pour ne pas « conscientiser » l'enquêteur de Revenu Québec.

Quant à la génération des AG, elle poursuit actuellement des études sur la relation entre l'inconscient littéraire et la nutrition: est-ce parce que cette génération n'a jamais maîtrisé l'orthographe que les termes « jeune » et « jeûne » se confondent? Mystère.

La politique

On peut séparer la politique en deux grands domaines: celui des relations nationales et celui des relations internationales. Nous les étudierons à tour de rôle.

Les premières touchent ce qui nous unit en tant que nation. Tout le monde connaît les différentes options, vulgarisées « ad nauseam », qui ont inspiré la politique au Québec. Mais peu de personnes connaissent les supports de ces idées: les médias, qui ont répandu ce rêve et ont permis à leurs tenants de prendre le pouvoir.

La génération MG s'est exprimée par le truchement de revues, mais il y en avait une en particulier qui retiendra notre attention: *Cité libre*. Après avoir lancé trois colombes et quelques faux cons, cette revue s'est éclipsée. Il y a pourtant un plaisir certain, quoique sadique, à relire ces revues (disponibles dans toute bonne librairie de livres usagés). On peut y voir tout l'establishment de maintenant s'exprimer avec les mots d'alors (c'est-à-dire très lourdement et avec une syntaxe que l'on ne pardonnerait pas aux jeunes d'aujourd'hui). On peut aussi y comprendre la relation de cette génération avec celle qui la précédait: on utilise la même rhétorique, la même rationalité que les aînés, mais pour les convaincre de leurs torts. Dans la défense de son livre sur la grève d'Asbestos, Trudeau citait saint Paul comme témoin à décharge.

ACCEPTATION GLOBALE

Bref, on retournait les raisonnements jésuitiques aux Jésuites. Cette revue a été suivie d'autres, toutes axées sur la modernité et sur l'émancipation nécessaire à l'aération des esprits. De la défunte *Maintenant* à la toujours survivante *Liberté*, les revues de MG se sont posé la même question: comment et pourquoi être moderne, et ne semblent toujours pas avoir trouvé la réponse.

Les RG auraient pu choisir, eux aussi, la voie de la rationalité; ils ont préféré la rupture. Ils n'ont plus parlé de raison mais de sentiments, ils n'ont plus privilégié le développement mais le voyage. En bref, pour crâner, ils ont choisi le lobe droit de leur cerveau plutôt que le gauche comme siège de leurs idées gauchistes.

Le titre de la principale revue de ce mouvement de contre-culture étalait très clairement son but: *Mainmise*. Statuant que tout est politique, ils s'épargnèrent la peine d'en parler directement pour s'attacher à la critique culturelle. Quand les MG disaient saint Paul et liberté, les RG répondaient LSD et émancipation. Inutile de dire que cette opposition de philosophies a donné un remarquable dialogue de sourds. On peut lire avec un plaisir trouble cette revue où liberté sexuelle convole avec droit de vote et où art rime avec acide.

Depuis, de nouvelles revues ont vu le jour et continuent à propager le code de vie RG. Seulement, le ton a changé. S'il n'y a plus de cause à appuyer ni

ACCEPTATION GLOBALE

d'ennemi à pourfendre, on peut toujours ridiculiser quelqu'un qui n'y peut rien (ex: les Drummondvillois) et s'en moquer tous ensemble. *Croc* ne rit pas parce que c'est drôle mais parce qu'il est RG. Un second magazine, typiquement RG, *Maximum*, professe le « plaisir intelligent » et se démarque de la masse qui se contente de plaisirs plus simples. Cette revue traite de champagne, de voyages autour du monde, bref d'argent et de gens qui en ont énormément. L'intelligence est-elle à ce prix?

Les AG n'ont pas d'organe de revendication ni de champagne. Ils doivent se contenter d'un ministre.

Malgré tout ce que nous venons de dire, les élections ne se gagnent pas selon le nombre de lignes que l'on peut écrire ni le nombre de décibels que l'on peut émettre. Pour accéder au pouvoir, il faut récolter le plus grand nombre de votes, c'est-à-dire, étant donné notre passé clérical, amasser le maximum de petites croix possible. Et, encore une fois, le vote dépend des caractéristiques de chacune des générations.

Les MG cherchent un candidat qui continuera à moderniser le Québec, qui parlera d'énergie et d'emploi. Ils ont élu Lesage parce qu'il avait une équipe du tonnerre et Bourassa parce qu'il promettait 100 000 emplois. Après quelques hésitations, ils ont élu Lévesque parce que c'était un gros travailleur. Quand ils l'ont vu faiblir, ils ont exigé son renvoi.

De 1970 à 1976, Robert Bourassa a permis aux

ACCEPTATION GLOBALE

RG d'envahir la fonction publique. Ils ont commencé par contester leur salaire et Bourassa les a mis en prison. Déchirés entre leur leitmotiv « nous sommes contre » et l'obligation de voter pour quelqu'un, ils ont assumé leurs contradictions en appuyant un parti marginal et récemment fondé: le Parti québécois. Après l'élection de 1976, ils se sont retrouvés « pour », ce qui les a pris en porte-à-faux jusqu'à ce que le gel et la coupure de leur salaire décrétés par ce gouvernement les rassérènent: ils pouvaient désormais se remettre à être contre le gouvernement.

En 1986, les RG se sont trouvés devant un dilemme: voter pour Bourassa qui les avait emprisonnés ou voter pour le Parti Québécois qui leur avait coupé leur salaire. Le choix a été rapidement fait.

De leur côté, les AG pouvaient choisir entre deux grands partis qui feront, de toute façon, les coupures sur leur dos.

Tout cela peut paraître un peu triste. Il faut alors rappeler cet instant de gloire du Québec: les événements d'octobre 1970 où les mesures de guerre ont été décrétées dans un but électoral pour deux politiciens plus ou moins honnêtes soudainement élevés au rang de héros nationaux. Jubilation chez les RG. Le Québec était promu au rang enviable du Chili. Nous n'aurions plus à rougir devant tous ces Sud-Américains qui avaient la chance d'avoir une dictature et des exilés. Enfin nous étions nous aussi une nation militairement opprimée. Il y avait là de quoi alimenter les discussions pour plusieurs années.

ACCEPTATION GLOBALE

Les Langlois et autres Rose qui ont fait les événements le regrettent encore. Ceux qui y ont assisté s'enorgueillissent encore d'avoir eu peur du risque d'être (peut-être) arrêtés par erreur.

Pour les AG, cette période ne représente qu'un lointain passé sans trop d'intérêt qui n'a eu aucun impact sur la situation internationale des dernières années et qui, si on en parle encore aujourd'hui, n'est que de l'auto-valorisation sans conséquence.

★ ★
★

Passons maintenant au second volet de notre étude politique: les relations internationales. « *Si vis pacem, para bellum* », disait le proverbe. « Si tu veux la paix, prépare la guerre. » Il a été modifié pour s'écrire maintenant: « *Si pacis nobelem vis, da bellum.* » Ce qui pourrait se traduire par: « Si tu veux le Nobel de la paix, fais donc la guerre. » Au hasard, citons des exemples récents de récipiendaires du Nobel de la paix. On reconnaît ainsi Kissinger, l'homme qui a jeté les fondations du Vietnam moderne (et qui a rasé tout ce qu'il y avait dessus), Menahem « attentats terroristes » Begin, et même le très canadien Lester B. Pearson (pour avoir créé une armée: les casques bleus de l'ONU). On s'attend à ce que Yasser Arafat le reçoive incessament. Tous les doutes que l'on pourrait entretenir au sujet de ce prix s'estompent lors-

ACCEPTATION GLOBALE

qu'on apprend qu'Alfred Nobel, celui qui a donné son nom à ce prix, était surtout connu comme l'inventeur de la dynamite. Voilà qui prédispose parfaitement à notre prochain sujet, les conséquences immédiates des relations internationales: les guerres.

ACCEPTATION GLOBALE

La guerre

Au XXe siècle, la guerre se présente sous deux formes: la guerre conventionnelle et la guerre atomique. Comme dans tous les débats qui se déroulent entre les trois générations qui nous intéressent, les mots n'ont pas le même sens pour tous.
Lorsqu'on évoque la guerre conventionnelle,
les MG : — pensent à la guerre 39-45
— versent une larme sur leur jeunesse
— se rappellent que c'était une guerre entre deux empires: un bon et un mauvais
— se disent que, fort heureusement, c'est le bon, c'est-à-dire le nôtre, qui a gagné
— établissent un bilan somme toute positif: elle a fait augmenter la production, donné le droit de vote aux femmes, ouvert le Québec au monde et nous a débarrassé de Duplessis pendant un certain temps.
Les RG : — pensent à la guerre du Vietnam
— se rappellent que c'était une guerre entre un gros empire (les mauvais États-Unis) et un fier et irréductible petit pays (le bon Vietnam)
— se disent que, évidemment, les bons ont gagné grâce à l'aide du RG
— établissent un bilan positif: les MG ont dû écouter les RG, ce qui était le début

ACCEPTATION GLOBALE

d'un glissement de pouvoir. Quand on remarqua ensuite que les Vietnamiens et les Cambodgiens n'étaient pas aussi angéliques qu'on l'avait présupposé (les Vietnamiens ont été rééduqués et les Cambodgiens, exterminés), les RG ont unanimement décidé qu'il valait mieux oublier tout ça et parler d'autre chose.

Les AG: — pensent à la guerre du Liban
— se rappellent qu'elle opposait les Palestiniens aux Israéliens mais que la situation a évolué rapidement pour inclure les Syriens, toutes les tendances musulmanes, quelques chauffeurs kamikazes et d'autres factions dont on a perdu le compte
— remarquent qu'il n'y a pas de bon ni de mauvais mais que l'être humain est fou, surtout quand le soleil lui tape sur la tête
— pense qu'il n'y aura pas de gagnants, uniquement des perdants
— établit le bilan très simple que, dans le doute, il vaut mieux s'abstenir et qu'en conséquence ne pas s'en mêler même si, finalement, ils savent qu'on va leur remettre la responsabilité de tout ça sur le dos, à moins qu'on ne leur reproche leur manque de militantisme.

Quand on évoque la guerre nucléaire,
les MG : — se disent qu'on y a échappé en 1950, en 1960, et qu'on devrait probablement passer au travers de la décennie 80.
Les RG : — se disent qu'il faudrait déclarer son condominium zone dénucléarisée et laisser les gens s'arranger avec l'arme nucléaire. Ils partagent l'impression que, si on déclare leur logis zone dénucléarisée, les puissances nucléaires vont faire attention pour inclure dans leur ordinateur les coordonnées de leur ville, condominium ou chambre à coucher, afin d'éviter que la bombe ne les

CUEILLETTE DES CHAMPIGNONS

atteigne. Ce sont aussi les mêmes personnes qui s'imaginent que, si on croit vraiment très fort à quelque chose, ça va arriver. Ce sont des prises de position comme celles-là qui font dire à certains leaders occidentaux que ce n'est pas seulement à propos des relations Est-Ouest qu'il faudrait parler de dégel nécessaire.

Les AG : — se disent que la guerre nucléaire est une probabilité vague qui réglerait d'un coup tous les problèmes de racisme, de chômage, de sexisme et de loyer à payer. Mais, à moins qu'elle ne tombe d'ici la fin du mois, il n'est pas nécessaire d'y accorder beaucoup d'attention.

Psychoses de masse

Il n'y a pas que des maladies physiques, il y a aussi des dérèglements psychiques. Quand ces maux frappent toute une génération, cela produit des psychoses de masse assez intéressantes.

Les modernistes globalistes sont solitaires et travailleurs. En raison d'on ne sait trop quel traumatisme, ce trait névrotique est devenu une psychose collective importante. C'est ainsi que la maladie du Bûcheron Illuminé a frappé toute leur génération. Cette affection d'origine atavique pousse les individus qui en sont atteints à défricher compulsivement et sans relâche tous les terrains qui leur tombent sous la main. Les MG partagent ainsi le même but que leurs ancêtres les colons: faire avancer la civilisation.

Cette première affection se complique d'un deuxième syndrome: la Quête du Pays Perdu. Pour certains, ce pays imaginaire est le Québec; pour d'autres, c'est le Canada. Tout ici n'est qu'affaire de degré de persistance dans l'esprit de colon. Pour les MG, il faut posséder un pays, que ce soit le Canada ou le Québec. Ils partagent donc tous cette vision d'un Graal constitutionnel miraculeux et paradisiaque. Avec les Chevaliers de la Question Nationale (dits de la Table qui tourne en Rond), sous la gouverne du Roi René ou sous l'égide de l'enchanteur Pierre Elliott, ils se sont juré de passer par-dessus tout pour atteindre leur but, malgré tous les dragons et autres maléfices anglais.

ACCEPTATION GLOBALE

L'effet de ces deux syndromes sur la personnalité des MG? Des complexes, évidemment. Le complexe de la Baie James, le complexe Guy-Favreau, le complexe Desjardins, le complexe G, la liste est longue...
Les refus globalistes sont également affectés de problèmes mentaux très graves. Nés dans une société en questionnement, au cadre en plein éclatement, ils ont développé un surmoi instable qui se promène de gauche à droite selon le vent. Toujours à la recherche de leur moi profond, ils souffrent du Syndrome du Caméléon qui les pousse à se confondre avec chaque nouveau milieu qu'ils rencontrent. Ce problème ne se limite pas à leur personne, ils le projettent sur leur environnement. On peut dès lors les suivre assez facilement: quand un RG change d'idéologie, il change de chemise, de rideaux et de coupe de cheveux.

Évidemment, ce trouble profond crée de l'insécurité. Pour s'habituer à l'angoisse qui accompagne le changement, les RG ont recours à une solution très simple: ils sont un gros groupe, ils ne changeront qu'en groupe. Ce comportement a été appelé Complexe de Panurge ou, plus prosaïquement, Réflexe de la Gang. Il suffit d'un publiciste ou d'un gourou habiles pour entraîner la génération vers une nouvelle salade idéologique ou organique.

Mais comment décider quand et pour quoi changer? Les leaders d'opinion sont là pour tracer le chemin. Aussi les RG lisent-ils les journaux attentivement: ils achètent *La Presse* pour Foglia et parfois

ACCEPTATION GLOBALE

pour Lysiane Gagnon; ils achètent *L'Actualité* pour lire les annonces; dans *Le Devoir* ils trouvent la vraie Nathalie Petrowski, quelques imitations et, aussi, les lettres aux lecteurs. Après cette étude, ils sont parés: si quelque chose d'important se passe, ils le sauront bien et pourront se procurer le nouveau « look » qui convient.

Chez les AG, on peut déjà détecter certains débalancements. En général, il s'agit de comportements négatifs.

Le passage au cégep et la lecture des journaux ont développé insidieusement chez eux un fort sentiment de dévalorisation qui se reconnaît à leurs épaules voûtées et leur démarche hésitante le long des murs. Généralement, cette affection se complique d'un sentiment aigu de persécution parfois imaginaire, parfois réelle.

En réaction à ces frustrations, les AG développent le Complexe du Rat Trappé, qui réduit les ambitions à la seule survie et le garde-manger aux seules poubelles. On a aussi pu assister à l'émergence d'un nouveau mode de réaction, très dangereux celui-là: le Réflexe de Rambo.

L'habitat

Chaque groupe vivant se creuse sa petite niche dans la vie. À chacun son ghetto. Bien évidemment, si certains regroupements sont plus concentrationnaires, d'autres sont plus subtils et presque invisibles. En examinant les mœurs d'une maison, on en apprend beaucoup sur son propriétaire.

Le MG a fui la ville pour la banlieue, puis pour les Laurentides ou les Cantons de l'Est, où il a installé son petit manoir avec suffisamment de verdure alentour pour ne pas voir les voisins et jouir enfin de la paix. Dans son petit duché féodal, où il peut contrôler tout ce qui se passe, il est vraiment maître chez lui. S'il ne se retenait pas, il aurait tôt fait de se référendummer lui-même et toute sa famille et de déclarer son territoire indépendant.

Le RG est essentiellement urbain et il a tâté un peu de tout: du temps de la libération sexuelle, les communes; du temps des subventions, les habitations communautaires; du temps du retour à la raison économique, les condominiums et les copropriétés; et maintenant l'immobilier et les emplacements à vocation commerciale.

À travers tous ces changements, chaque RG a eu son petit intermède « retour à la terre et à l'élevage » mais, comme le tête à tête avec les vaches et les chèvres ne s'est pas révélé aussi intellectuellement stimulant qu'une conversation de brasserie, presque tous sont revenus reprendre leur emploi en ville. Ils

ACCEPTATION GLOBALE

ont alors pu perfectionner un processus spécifique aux RG: la gentrification, qu'on appelle communément la Rénovation Globale.

Durant ses études, le RG a loué un petit logement près de la rue Saint-Denis, au carré Saint-Louis ou sur le plateau Mont-Royal. Ces quartiers regorgeaient d'appartements à bas prix. Ils avaient de plus l'avantage d'être peuplés d'ouvriers ce qui conférait à leurs habitants une aura de conscience sociale fort prisée avant 1980.

Dans un premier geste de rénovation, le RG asperge son logement de décapant, le couvre de macramé et y suspend un poster de Janis Joplin. Comme il n'était pas question de laisser tous ces chefs-d'œuvre aux mains des propriétaires, le RG achète son appartement et, par la même occasion, le bâtiment au complet qu'il entreprend d'adapter à ses goûts.

Le Complexe de Panurge faisant ses ravages, plusieurs quartiers ont été pris d'assaut par des troupeaux de RG et sont devenus, petit à petit, d'inexpugnables châteaux forts de cette génération.

Pour savoir quelle faune habite près de chez vous, il suffit de regarder quels rideaux pendent aux fenêtres.

— Si c'est un vieux drap: c'est un AG.

— Si c'est un drap signé Christian Dior, c'est un RG qui ne s'assume pas.

— Si ce sont des vitraux: un RG vit là mais il souffre d'une fixation à la période 1975-1976.

ACCEPTATION GLOBALE

Ce type de RG ne rénove pas, il pense plutôt à faire des enfants, d'où l'expression « fécondation in vitraux ».
— Des stores métalliques noirs: l'appartement veut éviter les regards de l'homme de la rue sur le MacIntosh. C'est un appartement RG.
— Rien dans les fenêtres: exhibitionnisme typiquement RG.
— Si c'est un couple nu, vous êtes à Amsterdam.

Quant aux AG, s'ils ne s'incrustent pas chez leurs parents, ils subissent, faute d'argent, le même sort que les habitants des quartiers anciennement ouvriers: aussitôt qu'ils trouvent un logement convenablement situé, ils en sont chassés par le RG qui l'a acheté et qui veut le rénover.

Comment savoir si votre appartement est en danger d'être entouré de RG? Il est des signes qui ne trompent pas:

— Votre rue se couvre de petites voitures européennes.
— Certains écrivent leur adresse en Letraset blanc et se débarrassent de la plaque traditionnelle.
— « Chez Joe patates frites » s'appelle désormais « Le Luxembourgeois » et quand vous commandez votre « junk » préféré, un steamé-moutarde-relish-sans-cole-slaw, on vous sert une saucisse viennoise et une vichyssoise.
— Le coiffeur grec du coin de la rue est remplacé

ACCEPTATION GLOBALE

par un salon de haute coiffure japonais.
— Votre appartement sans douche, chauffé au mazout avec prélart mur à mur vient d'être classé monument historique.
— L'immeuble voisin qui n'était pas classé monument historique vient de brûler et on annonce la construction de condominiums avec café Van Houtte au rez-de-chaussée.
— Celui qui était votre propriétaire vient de changer sa Lada 1500S pour une Audi 5000S.
— Vous apprenez que trois lettres enregistrées vous attendent au bureau de poste.

Il est temps de fuir.

Arts et culture

Dans ce chapitre, nous tenterons de tracer les grandes lignes (certains diront les bornes) de l'épopée culturelle du Canada français.

Avant 1945, l'Église tenait solidement les rênes et veillait à éviter que les innocentes âmes québécoises ne soient contaminées par des idées sacrilèges et européennes. La guerre brouilla les cartes en ouvrant les frontières du Québec. Les religieux durent lâcher la bride. Les MG s'emballèrent alors pour doter le Québec d'une culture propre sinon autonome. Boulimiques, ils s'attaquèrent à tous les arts en même temps.

Les modernistes globalistes ont laissé de côté leur tempérament individualiste et se sont réunis en troupes pour défricher le terrain théâtral. La tâche était double: présenter des pièces moins conformes à l'éthique religieuse et éviter l'excommunication. Pour contourner les obstacles, les MG s'acoquinèrent au père Legault qui était, malgré l'apparente contradiction, un religieux progressiste. Ils réussiront petit à petit à implanter une solide infrastructure de troupes et de théâtres.

À la même époque, l'Office national du Film et Radio-Canada naissaient sous l'impulsion de jeunes MG très talentueux. La preuve qu'ils étaient pleins de talent c'est qu'ils sont encore tous là, sous quelques grains de poussière.

D'autres vont chercher à l'extérieur du pays les

ACCEPTATION GLOBALE

ouvertures qui ne se développent pas ici. Chansonniers et peintres partent vers New York ou Paris. Quand ils y auront connu le succès, le Québec sera heureux de les découvrir et réclamera leur retour. Les hommes de lettres jettent les bases de la littérature québécoise sans recevoir une juste rémunération: à cette époque un auteur professionnel est un écrivain qui a une vraie profession (médecin, notaire...) qui lui permet de gagner sa vie.

Malgré ces difficultés, l'élan est donné et le Québec chérit fièrement ses productions. Les comédiens de la troupe du Nouveau Monde vont faire acclamer leur Molière en France. La télévision et l'ONF se bâtissent une réputation de qualité et de compétence. Les chansonniers écrivent des chansons qui ne sont plus copiées des États-Unis ou de la France. La littérature se lit avec de plus en plus de plaisir. Bref, la culture se vend aussi bien que de la confiture et on commence à penser que le pays n'est pas si méprisable que ça.

C'est à ce moment que les RG arrivent sur la scène. Toujours en apparente contradiction et en pseudo-refus, ils rejettent le concept de culture en parlant désormais de contre-culture; sans oublier cependant de profiter de l'élan nationaliste que les MG ont nourri.

Des jeunes comédiens et comédiennes descendent dans la rue et fondent ce qu'on appelle encore, quinze ans après, le Jeune théâtre. Remarquable pour ses audaces, ce théâtre s'est opposé aux troupes institutionnelles (remplies de MG) fortement subventionnées et qui ne leur offraient pas de travail. Retroussant leurs manches, ces jeunes artistes se sont procuré des formules de demandes de subventions et ont ainsi créé leurs propres troupes.

Du côté de la chanson, des RG chevelus inspirés de Woodstock ont introduit le Rock au Québec. Ils seront des idoles consacrées lorsqu'ils auront saccagé le mont Royal le temps de quelques fêtes de la Saint-Jean. Ils haïssaient les « maudits Français » mais c'est pourtant dans l'Hexagone si méprisé qu'ils iront faire fortune après leur avoir lancé des tambours pour leur montrer de quel Charlebois on se chauffe.

En littérature, les RG ont vampirisé la veine nationaliste. Il suffisait de parler joual et de décrier le colonialisme pour produire une œuvre d'art. Le nom des héros change: de « Menaud, maître draveur », on passe à « Ti-Pitou, gars fucké ».

Le grand bateau culturel des RG a trouvé son iceberg: novembre 1976. Le Parti québécois peut à juste titre être accusé d'avoir sabordé l'alibi culturel des refus globalistes: le pays, on ne peut plus s'en occuper, on a élu un gouvernement pour ça. Le nationalisme ne peut plus servir de seul barème de qualité pour les œuvres d'art.

Tout le marché folklorique s'effondre: le macramé a frappé un nœud. Les disques québécois ont fait 33 petits tours et puis s'en sont allés. Beaucoup de troupes de théâtre n'ont pas survécu à leur jeune âge. Le cinéma ne sait plus par quel bout déshabiller ses actrices.

Comme il n'y a plus de projet collectif, la vague RG se fragmente après 1976 et chacun en profite pour parler de ses bobos et de ses problèmes personnels. Écologistes, féministes, homosexuels... ont le même combat: la maîtrise de leur nombril.

Les RG ne manquent pas de ressources. S'ils ne savent plus quoi dire sur le présent, ils peuvent toujours exploiter les mêmes vieilles idées mais en les conjuguant au passé. C'est dans ce vide qu'arrivent les AG alors que les RG s'admirent dans des productions artistiques qui transforment leur jeunesse en épopée. Les enfants ont « les livres dont vous êtes le héros », les RG ont *Maryse, Les années de rêve*...

Comme si ce n'était pas assez, des chanteurs aux cheveux courts et au comportement sage et de bon goût s'amènent dans le paysage. Aucun message politique dans leurs chansons. Ils chantent de douces mélodies sur des airs vaguement pop. Malgré leur nouveau déguisement on les a reconnus: ce sont les mêmes musiciens qu'avant 1976 qui nous reviennent avec les cheveux et les idéaux en moins.

Partout les anciens anarchistes sont devenus des professionnels du spectacle ou des artistes (lire révolutionnaires) respectables (lire respectablement payés). Ils ne permettent pas, en bons carriéristes qu'ils sont, que de jeunes freluquets qui n'ont même pas vécu les événements d'octobre ou le festival de Manseau viennent saboter leur travail, c'est-à-dire leur voler leurs emplois.

ACCEPTATION GLOBALE

L'économie est en mauvais état. Les arts s'en ressentent. Les investisseurs sont méfiants. Comme les RG constituent toujours un très très puissant groupe de consommateurs, il vaut mieux encourager leur production, même si elle est de seconde main, que d'investir dans un jeune qui n'a pas encore fait ses preuves. Pendant ce temps, les conservatoires de musique et de théâtre produisent des multitudes de diplômés AG. Mais si l'on ne connaît pas de pape, il n'y a pas de grande carrière à espérer. À moins que l'on ne considère le fait de chanter dans des publicités de bière comme l'aboutissement d'une carrière.

C'est pourquoi, sans dire un mot, plusieurs jeunes AG se sont discrètement procuré un dictionnaire d'anglais et sont allés se renseigner sur les conditions d'émigration aux États-Unis...

La sexualité

Les MG se montrent discrets sur la question. Ce qui se passe derrière la porte de leur chambre à coucher ne regarde qu'eux. Pendant qu'un essaim de cornettes noires s'enfargeait dans ses jupes en voulant réprimer l'acte charnel tout en encourageant la fécondité, les MG ont bien su profiter du voile obscurément protecteur de la « Grande Noirceur » pour régler ces questions à leur manière, c'est-à-dire chacun pour soi.

Les RG ont basé une grande partie de leur philosophie sur la libération des pulsions. Mr. Reich a été très populaire sur les campus en associant sexualité, pouvoir et politique. Grâce à lui, la réalisation de la libido n'était plus un but personnel, c'était un projet de société.

Révolution particulièrement agréable s'il en fut, la révolution sexuelle était un travail titanesque qui consistait à apprendre au monde entier ce qu'était la vraie sexualité. Heureusement aidés en cela par une tendance certaine à l'exhibitionnisme, les RG prirent le devant de la scène et créèrent la société idéale: les communes, où tout lien de propriété était aboli. Le mariage était remis en question, les nuvites sillonaient les rues, la révolution était en marche. Ils ont aussi été aidés dans leur tâche par trois grandes inventions: la pilule, le magazine *Playboy* et les professeurs de cégep qui se chargeaient d'inséminer les générations futures avec la bonne nouvelle.

ACCEPTATION GLOBALE

Les hommes RG se considèrent comme ceux qui ont « dégelé » le Québec: ils ont émancipé leurs consœurs RG, secoué leurs aînés MG et donné l'exemple aux AG. Pour réussir cela, ils ont dû donner une importance déterminante à une phase particulière des relations sexuelles: l'amour oral. Le fait de parler de l'amour et de ses manifestations devint un préalable tout à fait nécessaire. Quiconque ne mentionnait pas, avant de copuler, les noms de Freud, Marcuse, Reich et de ses associés n'était pas vraiment un bon amant-e.

Les RG n'ont pas révolutionné que les relations sexuelles. Après quelques années de branle-bas, toute cette génération libérée s'est mariée et, après quelques années et deux enfants, tout le monde a accompli une nouvelle libération en envoyant promener mari, femme et enfants. Le phénomène n'était nouveau que par l'ampleur épidémique qu'il prenait. En fait de société, ils ont créé celle des divorcés et des enfants de divorcés.

Les AG ont voulu refermer la porte de leur chambre à coucher. Mal leur en prit. Aussitôt fusèrent les accusations: « réactionnaires, obscurantistes, après tout ce qu'on a fait pour vous... » qui les laissèrent un peu surpris.

Il y a une plus grande injustice. Durant vingt ans, les RG ont pratiqué les formes les plus élaborées de la fornication copulative. Alors que les AG allaient entrer dans ce qui devait être la partie la plus active de leur vie sexuelle, on découvre le clamydia, l'herpès et le SIDA.

Le travail

Les attitudes au travail varient d'une génération à l'autre. Pour s'en convaincre, il suffit d'examiner les différents horaires de travail, la finalité du travail et le chômage.

Horaire

Les horaires des uns et des autres s'entremêlent de façon très complexe. Pour nous y retrouver, simplifions et prenons un cas théorique:

QUEL TYPE DE TRAVAILLEUR PEUT-ON RENCONTRER DANS LA RUE À 8h30 LE MATIN?

Un MG? Impossible, le MG est déjà depuis longtemps au travail.

Un RG? Impossible, les emplois de RG ne commencent pas avant 10h30.

Un AG? Impossible, il n'y a pas de AG qui travaille.

Finalité du travail

Outre son horaire, le travail se caractérise par l'éthique avec laquelle on l'aborde. Le travail sert toujours deux finalités.

Pour un MG, le travail sert:
— à faire avancer le Québec.
— à se faire pardonner d'avoir de l'argent.
Pour un RG, le travail sert:
— à assurer ses besoins fondamentaux de survie (condo-volvo, chalet-vacances).
— à trouver des partenaires sexuels et/ou de backgammon.
Pour un AG, le travail sert:
— à rêver qu'il aura du travail.
— à rêver qu'il aura du travail.

Chômage

Pour les MG, le chômage est une calamité, la période précédant immédiatement la retraite. Sujet tabou, on ne l'évoque qu'avec force précautions et moult périphrases.

Pour les RG, le chômage n'existe pas. Au pire, il s'agit d'une période de réorientation que l'on utilise avant de se « trouver », c'est-à-dire d'aller étudier en informatique.

Pour les AG, le chômage est un art de vivre. Il fait partie du cercle vicieux du non-travail étatiquement subventionné. Pour les AG, le travail est une phase de la vie qui, comme l'herpès, revient périodiquement.

Une agence gouvernementale provinciale ayant mis sur pied un programme d'emplois bidon pour donner trois mois de « travail » aux AG (dans le but de refiler au fédéral la charge de payer l'entretien de ces jeunes inactifs), le AG peut profiter des prestations de l'assurance-chômage pendant un an (après avoir cru s'être trouvé de l'emploi) avant de retomber au bien-être social. Entre l'A.C. et le B.S. le portefeuille balance mais ne se repeuple pas.

Toutefois, il pourra approfondir son orthographe quand, de l'A.C. au B.S., il devra passer par H.F.C.

Pour résumer tout cela, le travail est pour le MG l'occasion de dépenser son énergie. C'est surtout quelque chose que l'on bâtit soi-même et que l'on fait progresser à coups d'efforts soutenus. C'est pourquoi il en parlera souvent en termes de carrière.

Pour le RG, le travail doit être une occasion de s'épanouir. C'est une phase de la vie qu'il accomplit en même temps que les gens de sa génération auxquels il se compare afin d'établir son succès. Ce n'est pas une étape fortuite de l'existence; en fait, les périodes de révoltes préparaient bien le travail futur. C'est ainsi que toutes les révolutions effectuées par les RG ont procuré des emplois à cette génération: les révolutions vestimentaires, féministes, végétariennes, sexuelles en passant par la révolution théâtrale et musicale ont permis des boutiques, des thérapies, des restaurants dont les bénéficiaires financiers ont été des RG. On peut ainsi dire que, pour le RG, le travail est en continuité avec sa jeunesse. Il suit le sentier que sa génération et lui ont

ACCEPTATION GLOBALE

tracé, c'est pourquoi il parle souvent de son travail en termes de cheminement.

Le AG voit le travail comme un objet d'idéalisation et d'espoirs inextinguibles parce qu'inassouvis. Pour lui le travail n'est pas une carrière, ce n'est pas un cheminement, c'est une ruelle après deux mois de grève des cols bleus.

ACCEPTATION GLOBALE

Vocabulaire

Pour qui veut scruter l'esprit d'une génération, il est important d'étudier les jargons, idiomes et expressions qui lui sont propres. Nous en avons relevé certains.

Vocabulaire du moderniste globaliste

PAYS: Entité floue, perdue ou en voie de l'être. Sa quête, quoique sans espoir, est un devoir national.

RENÉ: Variété de patriarche inspirée d'un personnage de l'Ancien Testament. Son rôle est de sortir son peuple de l'esclavage et de le conduire vers le Pays promis. Malheureusement, à l'image de son modèle,

A U T O M O B I L E M G

il est condamné à disparaître avant d'avoir pu mener son projet à terme.

RELIGIEUX: Détenteur illégitime du pouvoir que l'on désire.

ANGLAIS: Autre détenteur illégitime du pouvoir que l'on désire.

RELÈVE: Erreur commune commise par les modernistes globalistes qui consiste à prendre les refus globalistes, qui ont environ quinze ans de métier, pour des jeunes qui débutent.

Vocabulaire du refus globaliste

VÉCU (QUOTIDIEN, DE FEMME, DE COLLECTIF...): Expression généralement utilisée en préalable à quelque chose qui n'a aucune existence réelle et qui n'intéresse personne. L'utilisation du préfixe « vécu » vise à donner de l'importance au terme qui suit.

ALTERNATIF: Le prêt-à-penser à la mode. Probablement bien utilisé par les gens branchés, le terme reste obscur pour la majorité de la population. Balancement régulier qui va dans un sens puis dans l'autre, sans fin, et qui fait croire au mouvement alors qu'on ne bouge pas.

ACCEPTATION GLOBALE

ENJEUX: Conséquence tout à fait aléatoire d'une situation par ailleurs pas très grave.

CRISE: Tout événement pouvant donner lieu à une conférence de presse et/ou à une grève de la faim.

EXIGER: Verbe se conjuguant surtout à la première personne du pluriel. Utilisé principalement pour parler de quelque chose sur quoi on n'a absolument aucun contrôle.

TRAVAILLEUR INTELLECTUEL: Apparente contradiction dans les termes, facilement résolue ou écartée par celui qui porte ce titre.

MÉSADAPTÉS SOCIO-AFFECTIFS, ENFANTS EN DIFFICULTÉS D'APPRENTISSAGE: Génération spontanée d'enfants à problèmes dont l'apparition a heureusement coïncidé avec l'avènement des professions (ortho-pédagogie, psycho-pédagogie, pédopsychiatrie...) destinées à prendre en charge ces malheureux.

A U T O M O B I L E R G

ACCEPTATION GLOBALE

INTERVENANT: Personne qui ne se mêle pas de ses affaires et qui est payée pour ce faire.

BELLES ANNÉES: Période mal définie qui se situe dans les années 60 et 70 pendant lesquelles les RG croyaient sincèrement changer le monde en se laissant pousser les cheveux et en vivant au jour le jour, dans la plus grande liberté sexuelle et le moins de responsabilités possibles. Plusieurs RG souffrent d'une grave fixation à cette période infantile de leur développement et continuent à ennuyer tout le monde en faisant des films ou en écrivant des livres qui rabâchent toujours les mêmes vieilles illusions.

NIRVANA: Félicité suprême, but ultime à atteindre, qui consiste à ne rien faire, à ne rien sentir et à ne rien penser.

Vocabulaire de l'accepteur globaliste

MASTURBATION INTELLECTUELLE: Toute discussion se voulant sérieuse mais ne traitant pas d'argent ou de pouvoir.

RÉVOLUTION IDÉOLOGIQUE: Faux-semblant ayant pour but de faire avancer les choses jusqu'à l'endroit où elles étaient auparavant. Ce concept se rapproche du terme « alternatif ».

ACCEPTATION GLOBALE

30-40 ANS: Calamité du genre humain qui va devoir être supportée pendant encore plusieurs années et qui a tendance à remettre la responsabilité du monde entier sur le dos des AG.

CRISE D'OCTOBRE: « Qu'est-ce que c'est que ça? Encore une nouvelle crise économique, je suppose? Ça va encore nous retomber sur le dos, c'est sûr. »

MARIAGE: Manière légèrement risquée de faire plus d'argent avec les prêts et bourses.

ENFANT: Résultat d'une opération désespérée et souvent mal calculée en vue d'avoir plus d'argent quand on est sur le B.S.

NIRVANA: Tout état découlant d'un salaire supérieur à 8000$ par année.

Le féminisme

Le/la féminisme(e) est(e) un/une mouvement(e) qui(e) a(e) réussi(e) à(è) mettre(e) las/les femmes(es) entre(e) parenthèses(es).

Ce n'est qu'une des nombreuses définitions qui peuvent être accolées aux différents visages du féminisme contemporain. Nous en verrons d'autres. Une menace de grève des typographes nous empêche cependant de continuer le chapitre sur le même mode.

Petit historique

Les femmes MG ont été les premières à se lever et à exiger leur part de la Révolution tranquille: une place entière dans la société et non plus seulement un strapontin.

Les femmes RG ont épousé la cause féministe parce que c'était une lutte parmi d'autres mais surtout parce que, après avoir lutté pour le droit à l'avortement et à la contraception, elles virent brusquement le nombre de leurs partenaires sexuels augmenter considérablement, parfois même un peu plus qu'elles ne l'auraient souhaité.

Les AG, conscientes des gains réalisés par leurs aînées, regardent d'un œil nouveau la lutte féministe.

ACCEPTATION GLOBALE

Les temps ont changé, la lutte aussi. Elles veulent maintenant mettre en application, à la maison comme au travail, les théories dont on les a abreuvées durant leur jeunesse. La lutte a quitté les rues. Elle se mène en combat singulier avec le « chum » ou avec les collègues de travail. Chacune doit assumer la responsabilité de promouvoir ses droits. Pour ces jeunes matérialistes, les tâches domestiques n'ont plus une connotation sexuelle mais économique: il n'est désormais pas plus question de se faire avoir en faisant la vaisselle qu'en étant sous-payée.

Mais certaines vieilles dragonnes ayant conquis leurs lettres de noblesse il y a quelques années sur des brasiers de brassières ne comprennent pas pourquoi le soutien-gorge revient à la mode. D'où reproches

ACCEPTATION GLOBALE

maternels, et peut-être jaloux, dont certaines AG essaient de se libérer. Ce qui leur fait deux luttes sur les bras.

On peut bien résumer le travail au féminin dans les trois générations en comparant la situation des femmes sur le marché de l'emploi. En abrégé:
— pour les MG, une femme qui avait un emploi était féministe
— pour les RG, le féminisme peut même donner un emploi
— pour les AG, qu'on soit féministe ou non, on doit avoir un emploi.

Avortement

Au sujet de l'avortement, les AG se sont senties très fières d'être québécoises en regardant les démêlés de Morgentaler dans les provinces anglophones. Même s'il n'est pas sans atteintes physiques et émotionnelles, l'avortement est au moins disponible sans frais dans les cliniques québécoises. Les AG n'auraient donc plus à se ranger automatiquement, comme la conjoncture l'exigeait autrefois, derrière quelqu'un qui fait somme toute la même chose qu'un vendeur d'aspirateur mais en chargeant plus cher.

ACCEPTATION GLOBALE

L'ordinateur

L'ordinateur a été comparé, par son importance industrielle, à la machine à vapeur. On ne parle plus désormais de force de production mais de traitement d'informations. Cela amène évidemment de grands changements.

Les MG jubilent: un autre boum économique? Un autre saut technologique qui permettrait une autre révolution tranquille? On n'ose pas le dire, on crie bien haut sa réticence mais, secrètement, on achète un livre sur l'informatique et on équipe toutes les écoles de la province de n'importe quel ordinateur. Au cas où...

ACCEPTATION GLOBALE

Les RG ont vu l'ordinateur comme l'instrument de leur génération. Dans un sondage révélateur sur les anciennes vedettes de la chanson rock, *Rolling Stones* rapportait que, si la moitié d'entre eux avait redécouvert Jésus sous un morceau de tofu, l'autre moitié s'était convertie à l'informatique.

Mais pour ceux qui n'ont pas eu la chance de faire fortune à coups de microprocesseurs, il reste encore le bon vieux réflexe protectionniste: « Hey le syndicat, tu vas m'arrêter ça ces folies-là d'ordinateur, sinon je vais perdre ma job pis toi aussi. »

Pour la génération AG, l'ordinateur, quand il ne sert pas à piller des secrets d'État, se compare au magnétoscope: selon ce que tu mets dedans, ça peut être très stimulant ou très cochon.

Mais la crainte qui l'emporte sur les autres est de se voir confiné dans des classes sombres, forcé d'apprendre à faire fonctionner un ordinateur pour ensuite se retrouver au chômage parce que l'homoncule qui a eu cette idée n'a pas prévu que le marché serait vite sursaturé.

La philosophie

La réflexion philosophique ne se réalise pas spontanément. Elle s'accomplit généralement à l'occasion d'une crise qui pousse l'individu à s'interroger sur lui-même et à réévaluer sa vie.

Pour le MG, ce sera à la suite d'une tragédie personnelle (les trois quarts des étudiants de la dernière école qu'il a fréquentée sont décédés et lui-même est un peu pâle) ou d'un drame national (le référendum, une saison des Expos ou le déficit olympique). À ce moment, le MG se sent mal, il se met à réfléchir, à se demander ce qu'il a raté et il songe à des solutions.

Pour le RG, cette période de remise en question vient d'une insatisfaction individuelle (par exemple: le nombre annuel de ses nouveaux partenaires sexuels, jadis égal à la température estivale moyenne, rejoint désormais péniblement la moyenne hivernale) ou collective (l'économie stagne; il n'y a plus d'inflation, donc la clause d'indexation sur le coût de la vie de sa convention collective ne rapporte plus un sou). Quand il se sent ainsi interpellé (traduction: quand il se sent ainsi attaqué), le RG réagit promptement. Il consulte ses amis et les livres à la mode, à la rigueur les chroniques de Pierre Foglia et de Nathalie Petrowski, et cherche à savoir s'il ne serait pas temps d'entreprendre un de ces virages à 180 degrés qui le mettrait à l'abri d'une nouvelle mise en question. Par instinct (ce qui n'est pas sans rappeler l'appel migratoire qui frappe les oies sauvages), le RG sait flairer d'où vient le vent et toute la génération, avec un bel ensemble qui rappelle une fois de plus les oies blanches, réoriente ses priorités.

Pour les AG, l'interrogation existentielle ne vient pas à la suite de crises. L'interrogation est cyclothymique: elle le frappe tous les soirs au moment où il songe à vider ses poches et qu'il constate l'absence du papier monnaie; puis, tels les effets de la pleine lune, elle le frappe plus cruellement à la fin de chaque mois alors qu'approche le jour du loyer. Le AG se transforme alors en un être abominable capable de tout pour se faire un peu d'argent: retourner chez ses parents, se priver de beurre de peanut...

Une philosophie ne se réduit pas à quelques auteurs qu'on a lus ou à quelques réflexions qu'on s'est faites, d'autant plus qu'il s'agit généralement de belles théories jamais mises en pratique. Pour connaître la véritable philosophie d'une génération, il faut la voir en pleine action.

Prenons un exemple: un arbre (disons un séquoia) tombe sur la route. Que faire?

> Le MG regarde l'arbre, le scie en planches (grâce à une merveilleuse petite scie qu'il a achetée à un Américain qui passait par là). Il en fait alors un charmant petit chalet suisse qu'il viendra habiter si ses multiples occupations lui en laissent le loisir.
>
> Le RG (1) fait une manifestation pour bien

culpabiliser les MG dont c'est encore un exemple de l'héritage honteux et anti-écologique et (2) avec le groupe de copains qui est venu à la manifestation, il fonde une compagnie, obtient une subvention généreuse de l'État, fait débiter l'arbre et le vend au plus offrant. Il profite ensuite de revenus qui pourraient être décents si cet État, intolérablement omniprésent, ne taxait pas au point d'empêcher les vrais entrepreneurs de toucher la juste rémunération de leurs risques.

Le AG est forcé de contribuer financièrement pour avoir le droit de participer à l'Opération de nettoyage des vieux et énormes troncs (ONVET) et doit s'attendre à se faire traiter de matérialiste s'il n'y voit aucun intérêt.

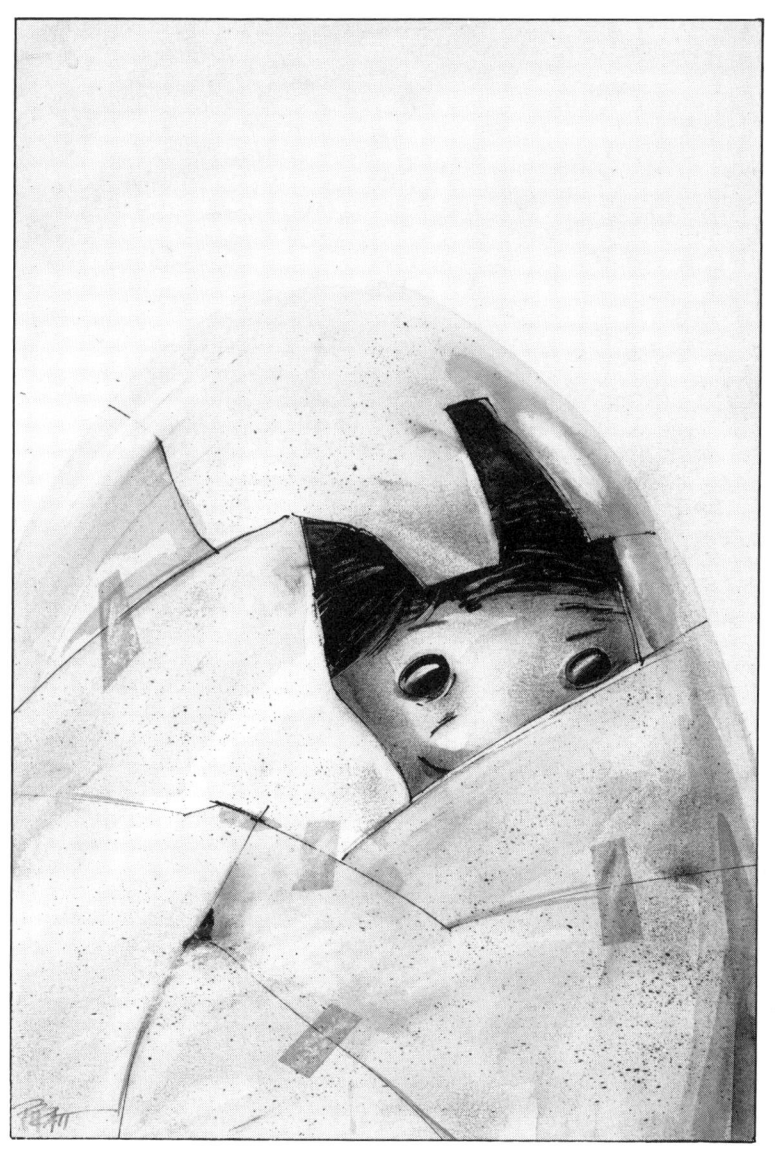

Théorie de l'acceptation globale

ACCEPTATION GLOBALE

Ce court bilan des miettes de la Révolution tranquille remet les choses à leur place. Il nous a ainsi permis de constater que la grande famille québécoise ressemble à un bon mélodrame du XIXème siècle: les parents (les MG) ont travaillé et amassé, les enfants (les RG) ont dilapidé la fortune et ce sont les petits-enfants (les AG) qui héritent des dettes.

Mais ces considérations sociales, politiques, économiques et de tout acabit ont déjà été utilisées pour essayer d'expliquer la situation des jeunes sans arriver à une solution. Non pas que ces facteurs soient sans portée mais aucun n'est assez global pour tout expliquer.

Ce survol de l'histoire n'a pas été inutile. Il suffit d'ajouter à cette masse d'information un petit élément et tout s'éclaire. Ce concept a été tellement mêlé à toutes les sauces depuis des siècles que, pour mieux l'appliquer, nous sommes retournés jusqu'aux Grecs, nos ancêtres à tous. Il s'agit de l'éternel conflit des générations.

À ceux qui pensent que ce concept de conflit est trop simple et ne sera jamais assez féculent pour réussir à lier notre sauce, nous demandons quelques lignes d'attention et un petit rappel mythologique.

Le conflit des générations existe depuis Abel et Caïn, ces premiers AG qui, parce qu'ils n'eurent pas la chance de s'en rendre compte, s'entretuèrent au lieu de taper sur leurs parents ou sur leur grand-père et grand-mère (Dieu-e).

Les premiers, à notre connaissance, à avoir

conceptualisé le conflit des générations sont les Grecs. La genèse de leur mythologie raconte l'arrivée des dieux.

Un peu après le commencement de tout étaient Ouranos, le ciel, et Gaia, la terre. De leur union naquit bon nombre d'enfants: les titans. Mais Ouranos ne voyait pas d'un bon œil tous ces futurs prétendants et, au fur et à mesure, les repoussait dans le ventre de leur terre-mère. Gaia, la terre-mère, n'appréciait pas vraiment cette méthode contraceptive pré-scientifique et arma son dernier-né, Chronos, pour qu'il détrône son père. Ce qui fut dit fut fait, et Chronos châtra son père. Chronos prit le pouvoir et eut des enfants. Mais il avait compris que la méthode du paternel avait un défaut et, au lieu de retourner ses enfants à l'envoyeur, il les dévora. Sa douce compagne n'apprécia pas non plus et réussit à soutirer Zeus, son dernier-né, de la marmite de Chronos. L'histoire se répète et Zeus réussit à détrôner son père, puis faillit subir le même sort quelques années plus tard... (mythologiquement exact).

Les mythologies ont le défaut de prendre des détours pour expliquer des choses simples. À l'intention de ceux et celles pour qui cette histoire reste du grec, nous l'avons transcrite dans un langage plus moderne: le langage scientifique.

> POSTULAT: Une société ne peut fonctionner harmonieusement et se développer que si elle applique la loi de l'attraction naturelle entre le pied du cadet et le bassin de l'aîné.

COROLLAIRE: Si cette attraction ne peut se concrétiser, l'entropie du système est perturbée et le système stagne au lieu de progresser.

En bref:

POSTULAT: Si la génération d'en dessous donne pas des coups de pieds au cul à la génération du dessus, il y a des coups de pieds qui se perdent.

COROLLAIRE: On est fait!

Le truc est simple: les parents ne peuvent s'empêcher d'être parents et les enfants ne peuvent s'empêcher de leur marcher dessus. Faut-il l'appliquer à la situation qui nous intéresse?

Les MG ont crié partout que le Québec était en retard et ont tout mis sur le dos des religieux, les tyrans de l'époque.

Les RG sont un plus bel exemple encore. Qu'ont-ils fait? Ils ont accusé tout le monde de tous les torts et ont profité de l'excuse pour se tailler une place sous prétexte d'être les meilleurs. Le système est simple mais efficace. Les RG l'ont tellement bien compris que, à l'annonce de l'Année de la jeunesse, de peur d'être détrônés, ils ont proclamé à tout vent que les jeunes, c'était eux et, pour plus de sûreté, ils ont répandu sur leurs cadets toutes les plus horribles, effrayantes, terribles et incroyables médisances.

Et qu'ont fait les AG? Pleins de bonne foi, ils ont cru à tout ce qu'on leur racontait et, par conséquent, ils en sont rendus exactement nulle part.

Que faire devant cette situation? Tourner la page et lire le chapitre suivant.

Programme politique

ACCEPTATION GLOBALE

Les jeunes sont accusés de ne pas avoir d'idéal. Non seulement ils sont obsédés par l'argent mais, en plus, ils n'arrivent pas à en avoir. La faute est double. C'est soi-disant pour tout cela qu'ils n'ont pas réussi à prendre la place qui leur revenait.

Toutes ces péroraisons autour des idéaux ne sont que des attrape-nigauds. Le vrai problème, nous venons de le débusquer: si les jeunes veulent accéder à leur dignité, ils n'ont qu'à trouver un bouc émissaire et à taper dessus à tour de bras. Les idéaux, les compétences, les révolutions viendront après. Quand on est en place, on a tous les passe-droits.

Mais qui choisir comme tête de turc? Les MG ou les RG? Revoyons rapidement les caractéristiques de ces deux générations:

En 1986, les refus globalistes jouissent paisiblement de la vie et de ses bienfaits. Ils n'ont plus qu'à surveiller leurs arrières.

En 1986, les modernistes globalistes sont généralement au faîte de leur carrière. Ils n'ont plus qu'à surveiller leurs artères.

Les modernistes globalistes sont peu nombreux, et dispersés autant que disparates. Une fois en place, ils ont pensé à la collectivité et si, du haut de leur sommet, ils se penchaient dans la bonne direction, jusqu'à apercevoir les AG, ils n'hésiteraient pas à les trouver sympathiques.

Les refus globalistes sont nombreux, organisés. Ils occupent les emplois gratifiants et rémunérateurs. Ils monopolisent le monde des communications. Ils se veulent jeunes avec tous les avantages et aucun des inconvénients. Révolutionnaires de toutes les causes et finalement d'aucune, ils n'ont jamais pensé qu'à leur moi au détriment de la communauté. Bref, ils possèdent et protègent toutes les portes et toutes les richesses que les AG désirent. Une seule, unique et vengeresse conclusion s'impose à tous les jeunes soucieux de survivre: la chasse aux RG est ouverte.

Mais attention, il ne faut pas se tromper de cible. Comment reconnaître avec certitude un refus globaliste? Bien sûr, il y a l'âge mais, nous l'avons déjà dit, ces regroupements ne sont pas exclusifs: il existe des transfuges, des retardés, des traîtres dans toutes les branches. Certains RG ne sont pas adaptés au changement, plusieurs MG essaient désespérément de rester jeunes en imitant les refus globalistes, des accepteurs globalistes ont rejoint le camp ennemi dans le but bien légitime de faire de l'argent. Bref, personne n'est à l'abri du soupçon, l'ennemi est partout.

Pour pouvoir distinguer les membres des différents mouvements, nous avons réalisé un petit questionnaire qui vous permettra de savoir qui vous êtes et, si vous le passez discrètement à votre entourage, de savoir à qui vous fier.

ACCEPTATION GLOBALE

Questionnaire

Vous avez réussi à lire ce livre jusqu'à la présente page mais vous ne savez toujours pas dans quelle catégorie vous vous trouvez ou plutôt, vous avez quelques hésitations? C'était prévu. Répondre aux questions qui suivent devrait vous enlever vos derniers doutes pour vous en donner de nouveaux.

1. Vous êtes à la maison. Devant vous: votre plante. Que faites-vous?

    a) Vous l'infusez et vous la buvez.
    b) Vous la fumez.
    c) Les deux précédentes options et vous vous sentez coupable de ne pas lui en avoir parlé avant.
    d) Vous empruntez un peu d'huile à votre voisin et vous essayez de la manger en vinaigrette en déplorant la perte de votre dernière amie. Mais c'était elle ou vous.

2. Votre club de conditionnement physique vous demande votre orientation sexuelle. Vous répondez:

    a) Ouvert/ouverte.
    b) Mon gourou me l'interdit.
    c) C'est pour un emploi?

3. Vous avez un congé payé de l'UQAM ou du cégep où vous travaillez depuis dix ans. Que faites-vous?

    a) Vous écrivez un livre sur les Belles Années de votre première jeunesse, celle qui était avant la

ACCEPTATION GLOBALE

      jeunesse où vous êtes maintenant.
- b) Vous vous promenez avec un bidon de décapant au cas où une vieille poutre traînerait encore dans votre nouvelle copropriété de la rue Saint-Laurent.
- c) Vous habitez à Québec.
- d) Vous quittez l'école avec votre diplôme en poche et vous pouvez enfin vous inscrire au chômage.

4. Êtes-vous capable de lire cette question?

- a) Oui.

5. Vous habitez chez vos parents?

- a) Non.
- b) Mes parents habitent chez moi.
- c) Les enfants de mes petits-enfants habitent chez moi.
- d) Oui.

6. Vous écoutez les matchs Canadiens-Nordiques

- a) En vous cachant de peur que l'on ne vous y prenne.
- b) Parce que votre fils a des parts dans l'une ou l'autre des organisations.
- c) Parce que c'est violent.

7. On vous demande votre nom. Vous répondez:

- a) Gilles Vigneault, Lise Payette.
- b) Pierrette Lacroix-Bouchard ou Louis Dubonnet-Perrier
- c) C'est pas moi, je l'jure.

ACCEPTATION GLOBALE

Réponses

Si vous avez coché les réponses 1a, 1b, 1c, 2a, 2b, 3a, 3b, 3c, 4a, 5a, 5b, 6a et 7b, vous êtes définitivement un RG, ne le cachez plus.

Si vous avez coché les réponses 4a, 5c, 6b et 7a, vous êtes un MG et l'âge du cœur n'a rien à y faire.

Si vous avez coché les réponses 1d, 2c, 3d, 5d, 6c et 7c, vous êtes presque un AG mais vous avez sûrement par la même occasion répondu oui à la question 4, ce qui est un mauvais point. Si par un tour d'esprit tortueux, vous n'avez pas répondu à la question 4, votre mauvaise foi vous donne droit à un titre honorifique.

Programme politique

Après avoir répondu au questionnaire, et quel que soit votre âge, vous savez qui vous êtes et ce que vous avez à faire. Nous vous avons expliqué les raisons et les causes de la situation actuelle des jeunes. Il est temps de passer aux actes. Comment les jeunes peuvent-ils bouter les RG hors de leurs emplois? En s'unissant dans un même programme politique en six points:

> 1. Dénoncer les RG comme étant responsables de tous les problèmes actuels du monde. Ce qu'ils sont après tout.

2. Dans un commun mouvement de rejet, s'unir dans la médisance.
3. Profiter du sentiment de gêne ainsi créé pour occuper des postes stratégiques.
4. S'acheter une voiture et un frigidaire.
5. Se trouver des théories qui démontrent que les AG sont les meilleurs.
6. Commencer dès maintenant à médire des plus jeunes que soi. Ce sera cela de moins à faire plus tard.

Malgré son intérêt certain, ce programme ne sera pas facile à appliquer: la route sera dure et semée de RG. Avant que cela ne devienne rentable, il risque d'y avoir plusieurs maigres années.

Durant ces années, il y aura peu de nouveaux emplois; le taux de chômage restera élevé. Pour chaque poste libre, dix accepteurs globalistes et trois ordinateurs se présenteront. Dans cette compétition féroce, plus rien ne comptera, aucune solidarité de groupe, aucun lien de sang. Rien, sinon survivre!

Il faudra songer à manger en attendant les jours dorés où les six points du programme se seront réalisés.

Si vous êtes un AG et que vous cherchez à survivre, donc à travailler, vous vous retrouverez à un moment de ce processus devant un RG. Toujours. Soit que ce RG détienne le poste désiré, soit qu'il soit chargé de juger de vos compétences avant de ne pas vous engager.

ACCEPTATION GLOBALE

Compétitionner entre AG n'apportera rien. Cette dépense d'énergie est illogique car les emplois ne sont que rarement attribués selon les compétences.

À vrai dire, la seule possibilité de survie pour la majorité des jeunes consisterait à trouver quelqu'un qui a un emploi (donc un RG), à sympathiser avec lui, puis à lui arracher son poste par n'importe quel moyen légitime, en lui payant par exemple un billet pour le prochain vol de la navette Challenger.

Réussir ce tour de force n'est malheureusement pas donné à tout le monde. Il faudra se rabattre sur des tactiques de survie plus traditionnelles et essayer moins cavalièrement de se trouver un emploi. Mais quelle que soit la tactique pour laquelle vous opterez, il faut agir avec circonspection, connaître les habitudes et le fonctionnement des RG puis agir en respectant des règles très précises. Toutes choses que le prochain chapitre aborde.

Survie

ACCEPTATION GLOBALE

Survivre c'est manger, donc gagner de l'argent, donc travailler. Pour obtenir un emploi, la première chose à faire est de démontrer que l'on sait écrire, à tout le moins son curriculum vitae. On voit tout de suite ce que cette mesure a de discriminatoire pour les AG. Qu'à cela ne tienne, on peut toujours le faire écrire par quelqu'un d'autre. Les écrivains publics se portent bien ces temps-ci... Mais il faut leur dicter les phrases qu'il convient d'employer. Attention: toute vérité n'est pas bonne à dire. Dans l'optique où votre curriculum risque de passer entre les mains d'un RG, il faut se mettre à sa place et imaginer ce qu'il désire lire.

Ne dites pas:	*Dites plutôt:*
J'ai besoin d'un emploi.	Je suis libre de mon temps et je pourrais consentir à aider votre compagnie à condition que cela m'aide dans mon développement personnel.
J'ai pas de diplômes.	J'ai choisi de ne pas emprunter la voie facile de la connaissance formelle.
J'ai décroché en attendant de savoir ce que je voulais faire.	Je suis allé à l'université de la vie, celle où il n'y a pas d'heures de cours,

ACCEPTATION GLOBALE

Sexe: féminin.

Expérience: j'ai étudié un an à l'institut Teccart l'informatique pour me trouver plus facilement un emploi.

Expérience complémentaire: j'ai effectué plusieurs voyages à l'extérieur de Montréal. Je suis ainsi allé jusqu'à Aylmer et même jusqu'en Charlevoix visiter le village construit pour *Le temps d'une paix*.

No d'assurance sociale: 230-702-789

Signe particulier: néant.

celle où on apprend plus dans les brasseries à parler avec les gens et leur bière. Pardon? Non, pas l'UQAM.

Vécu: femme.

Expérience: j'ai décidé de comprendre les ordinateurs pour qu'ils ne dominent pas ma vie mais m'aident à me développer pleinement.

Expérience complémentaire: plusieurs voyages astraux et deux autres expériences extra-sensorielles. Je connais même quelqu'un qui a été détenu par erreur pendant deux heures lors des événements d'octobre.

Je préfère être payé en argent comptant.

Signe: balance ascendant poisson, chien (horoscope chinois),

Loisirs: regarder la télévision.	lama (horoscope aztèque). Élever des chèvres et faire mon propre fromage. Je lis aussi Milan Kundera.
Salaire: à discuter.	Salaire: on ne discute pas de ces choses-là entre nous, vous en parlerez à mon comptable.

Le meilleur curriculum vitae ne sert à rien si on ne sait pas à qui le présenter. Il faut donc connaître les habitudes de celui qui vous jugera.

Le fonctionnement des RG

Le RG a une conception particulière du monde. Il a la forte conviction qu'un jour quelqu'un a dit: « Que la lumière soit » et que c'est alors qu'il est apparu sur la Terre. Avant lui régnait le chaos et la confusion, la civilisation se couchera avec lui. Il se croit la finalité du monde, un phare dans la nuit. Un phare qui, d'ailleurs, fait ce que tous les phares font, c'est-à-dire attirer l'attention.

Logique avec lui-même, il ne fraye qu'avec ses frères phares. Sous le couvert de relations de travail officielles et démocratiques, les RG ont créé un solide réseau de liens informels qui a pour utilité de rejeter, a priori, tous les étrangers, que ce soit ouvertement (pour les AG) ou subrepticement (pour les MG).

L'appartenance à ce club sélect ne se décide pas sur l'habileté ou la scolarité. Pour la bonne raison que, si c'était le cas, les RG pourraient finir par perdre le pouvoir aux mains de jeunes plus scolarisés et plus compétents. C'est donc sans distinction de performance ou d'intelligence que le réseau se tisse. Une seule condition d'admission: faire partie de la bonne génération.

Si vous voulez un emploi, il faut vous glisser à travers les mailles très serrées de ce réseau, car un RG refile toujours les emplois à un autre membre du clan RG ou, à la limite, à un transfuge qui a réussi à s'y intégrer. Jamais à un étranger. Y pénétrer ne sera pas facile.

Le fonctionnement du réseau

Ce genre d'organisation, parce qu'elle est informelle, demande une grande homogénéité de comportement de la part de ses membres afin qu'ils puissent se reconnaître. D'où l'importance des modes, des gourous ou de la fixation à certains souvenirs communs.

D'où, aussi, le peu d'importance des réalisations. Vous n'êtes pas jugé sur vos actes mais sur

ACCEPTATION GLOBALE

votre place et sur votre comportement dans le réseau. Il est donc moins utile, dans la méthode de fonctionnement RG, de faire du bon travail que de se trouver au bon bar, à la bonne heure, avec les habits qui conviennent. Il ne s'agit pas de faire ou d'être mais d'être comme on s'attend à ce que vous soyez.

Cette loi du réseau commandera aussi vos idées et vos discussions avec les RG.

Il est néfaste d'avoir des idées neuves: c'est aller contre un autre système de protection: l'immobilisme. Les RG sont maîtres du terrain, ce n'est pas le temps d'aller déranger ce qui fonctionne si bien. Donc, non aux remous, aux changements et à la création qui risqueraient de mettre en péril la situation actuelle ou, pis encore, d'entraîner une quelconque remise en question. Il faut avant tout protéger les acquis. Bien sûr, il n'est pas interdit de parler de changement. Il est même indispensable de gloser, si possible avec citations à l'appui, à condition de ne pas mettre vos théories de changement en application. Sinon la seule chose que l'on changera, ce sera vous.

Quant aux discussions, un seul conseil: n'essayez pas d'intéresser un RG à ce qu'il ne connaît pas déjà. Regardez et écoutez attentivement votre interlocuteur, ensuite adoptez son comportement et soyez spontané. Mais spontané de la bonne manière: ayez l'air convaincu en répétant tout ce qu'il vient de dire. Soyez son miroir. C'est la seule façon de lui faire croire que votre conversation est intéressante. Surtout n'ayez pas l'air intelligent et n'essayez pas de le

ACCEPTATION GLOBALE

troubler dans ses convictions en lui prouvant, par exemple, que même si vous êtes plus jeune que lui, vous avez beaucoup lu et vous savez écrire. Non. Soyez subtil, faites comme lui: ne pensez pas, lisez Foglia! Et répétez partout ce que vous venez de lire.
Vous vous demandez: « Mais que faire devant tant d'armures, de châteaux forts et de mâchicoulis? » Ne désespérez pas et mettez-vous au travail.

*   *
    *

Bon, vous vous êtes déjà mis au travail et vous avez franchi les premiers obstacles: pour vous approcher de votre cible, vous vous êtes habillé en RG (vous avez donc dépensé votre prestation de B.S. pour les six années à venir), vous avez cessé de penser par vous-même et vous vous êtes procuré l'adresse du Lux et du café Cherrier.
Mais vous hésitez encore un peu. Malgré tous ces préparatifs vous ne savez pas comment vous forger une attitude qui soit compatible avec votre personnalité. Avant de vous laisser affronter l'univers hostile des RG, nous avons recensé les quatre principales tactiques qui peuvent être utilisées pour diriger vos opérations.

Tactiques de survie

La soumission

DEVISE: Après tout, ils ont réussi à s'imposer.

CARACTÉRISTIQUES NÉCESSAIRES: Avoir un frère, une sœur, un(e) chum(e), un employeur de plus de trente ans.

EXPRESSIONS COURANTES: « Ah! les années 70, c'était le bon temps. Vous avez vraiment eu une meilleure jeunesse que nous. » « Je suis tout à fait d'accord avec vous. »

ACCESSOIRES ESSENTIELS: Estime personnelle inexistante. Naïveté à l'épreuve de tout.

EXEMPLE TYPE: Les employés de ONET 85.

AVENIR: Chômage ou esclavage.

Le plagiat

DEVISE: Ils ont raison mais je peux faire mieux.

CARACTÉRISTIQUES NÉCESSAIRES: Avoir un modèle. Vouloir un emploi similaire. Le copier servilement.

EXPRESSIONS COURANTES: « Les années 70 ont été ratées même si c'était mieux que maintenant. » « Il fallait dissoudre les organisations étudiantes plus tôt, pousser plus loin la révolution sexuelle, mettre plus de dentelles et de macramé aux fenêtres et faire pousser plus de plantes.» « Ce n'est qu'un début, continuons le débat!»

ACCESSOIRES ESSENTIELS: Renault-5, montre Gucci, bouteille de Perrier.

EXEMPLE TYPE: Tous les journalistes du *Devoir* âgés de moins de trente ans. Les habitants de la ville de Québec.

Le louvoiement

DEVISE: On n'est pas obligés de leur dire qu'ils sont pourris.

CARACTÉRISTIQUES NÉCESSAIRES: Souplesse. Agilité d'esprit. Art d'ignorer ses contradictions.

EXPRESSIONS COURANTES: Si vous parlez à quelqu'un de trente ans et plus: « Oui, la bombe, je suis contre, il faudra faire un spectacle bénéfice au parc Lafontaine. J'irais bien vous aider mais on m'attend à L'Express.»
  Si vous parlez à quelqu'un de moins de trente ans: « Qu'est-ce que vous voulez que ça me fasse, la bombe? Mourir de radiation c'est plus rapide que mourir de faim! À moins bien sûr qu'il y ait un moyen de faire de l'argent avec elle.»

ACCESSOIRES ESSENTIELS: Deux garde-robes. Une Renault-5 et une passe d'autobus.

EXEMPLE TYPE: Les auteurs de l'*Acceptation globale*. Après tout, ils voulaient être publiés.

La guérilla

DEVISE: La connerie n'excuse pas les cons.

CARACTÉRISTIQUES NÉCESSAIRES: Bonne résistance à la faim. Prédisposition à l'impertinence. Expérience de techniques d'auto-défense souhaitable.

EXPRESSIONS COURANTES: À quelqu'un de trente ans et plus: « Hey, le vieux! » À quelqu'un de cinquante ans: « C'est pas parce que tu appelles quelqu'un de trente-cinq ans "un jeune" que tu vas te rajeunir! » À quelqu'un qui commence un discours (donc à un RG et assimilé): « C'est intéressant ce que vous dites, vous l'avez lu où? »

ACCESSOIRES ESSENTIELS: Guide de survie de l'armée américaine. Plan d'assurance-vie. Pot de beurre de peanut.

EXEMPLE TYPE: Aucun exemple vivant connu.

Aux désespérés

Pour ceux et celles qui sont prêts à toutes les extrémités, il a toujours été très profitable de partager les orientations et les fantasmes sexuels d'un RG. Notez également que, face aux RG, vous serez toujours mieux perçu si vous êtes une femme, un gay, un exilé politique ou un handicapé, à condition que ça ne se voit pas trop.

Le monde RG, après toutes les protestations de bonne foi et les grands épanchements verbeux des dernières années, a ouvert la porte aux femmes: devenir la blonde d'un RG peut aider à se trouver un emploi. Vous pouvez profiter ainsi de son intercession extraordinaire pour pénétrer dans son entreprise et obtenir un poste avantageux en devenant, par exemple, sa secrétaire.

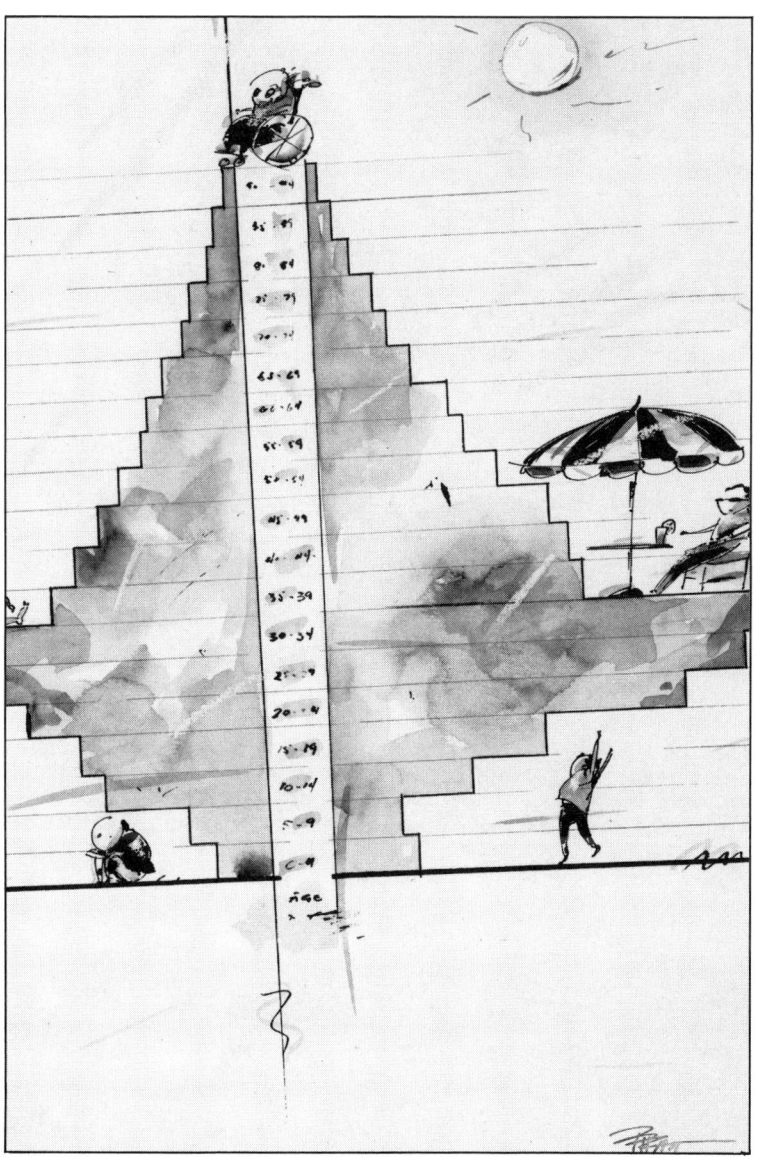

Proclamation

ACCEPTATION GLOBALE

Trente-huit ans après le *Refus global*, l'*Acceptation globale* sonne le tocsin. Pourquoi?
Un simple regard vers l'avenir suffit.
L'an 2020 est, littéralement, l'âge d'or du Québec. Sous l'œil faiblissant mais horrifié des quelques vieux MG qui vivent encore, les centrales LG1, LG2 et LG3 adaptent la totalité de leur production pour que le courant serve à recharger les piles de pacemakers. Le plateau Mont-Royal, le Mile End et la ville de Québec sont déclarés zones sénilistrées. Rue Saint-Denis, où fleurissent toujours les cafés, la boisson la plus en vogue est le Perrier-pruneau. Le vingtième spectacle d'adieu de Beau Dommage est le spectacle le plus couru de l'année. Désormais les médicaments se prennent par voie nasale et les bracelets Médic-Alerte comportent une paille d'urgence. Le Théâtre de rue, une troupe du Jeune théâtre, fait la tournée des hospices avec son nouveau spectacle: *C'était le bon temps en 1970*. Le salon mortuaire japonais et la marchette Yves Saint-Laurent sont le dernier cri de la mode.
Les AG sont au sommet de leur carrière et le gouvernement offre à tous une montre couleur or pour commémorer leurs quinze ans de fidèle et loyal chômage.
Bref, les RG sont toujours les plus nombreux et les plus riches. Ils contrôlent le Québec et, accoudés à la terrasse d'un café de la rue Saint-Denis, ils radotent comme en 1980 sur les années 1960-1970.
C'est pour éviter ce désastre que l'*Acceptation*

ACCEPTATION GLOBALE

globale s'insurge. C'est pour le salut de l'humanité que nous devons agir.

Nous avons parlé au commencement de cet ouvrage de secouer le cocotier auquel seraient grimpés les vieux. Il faut rectifier notre tir. Les RG sont encore en pleine vigueur et, prévoyant le coup, ils se maintiennent en bonne forme physique.

Pour combattre les refus globalistes, il faut accepter. Accepter d'être des conservateurs, accepter d'être américanisés, accepter d'être égoïstes, tolérants, travailleurs, carriéristes, cyniques et scolarisés, dans l'espoir que tout cela nous permette un jour de nous payer la scie avec laquelle nous pourrons couper le cocotier qui nous fait de l'ombre et au haut duquel se prélasse un RG. Peut-être alors aurons-nous notre place au soleil.

Conclusion

ACCEPTATION GLOBALE

En l'honneur de l'Année de la jeunesse, des subventions ont été distibuées presque généreusement aux jeunes, tout le monde s'est embrassé. Qu'arrivera-t-il dans les prochaines années si le programme est appliqué? Voici nos plus récentes projections:

1986: Le cessez-le-feu AG/RG est terminé. Retour à la situation normale. Les RG respirent: plus de concurrence déloyale.

1991: Céline Dion tourne nue dans un film. Début de l'agitation de la nouvelle génération montante.

1992: Les auteurs de l'*Acceptation globale* réalisent un film intitulé *C'était le bon temps en 1986.*

1er avril 1993: Les auteurs de l'*Acceptation globale* sont riches et célèbres. Ils sont cotés à la bourse.

1995: Les auteurs de l'*Acceptation globale* publient la *Déception globale*, ouvrage qui décrit l'incapacité et la rapacité de la jeune génération montante.

Note

Les auteurs dont les noms apparaissent sur la couverture de cet ouvrage ne sont que des prête-noms. En fait, ce livre a été écrit par deux femmes noires, exilées politiques, lesbiennes, féministes et handicapées. Toute critique formulée contre ce livre serait donc suspecte et réactionnaire.

Table des matières

Un manifeste	9
Une histoire de générations	15
Les miettes ou La révolution c'est tranquille	33
Théorie de l'acceptation globale	85
Programme politique	91
Survie	101
Tactiques de survie	109
Proclamation	115
Conclusion	119

Achevé d'imprimer en janvier 1987
par les travailleurs des Éditions Marquis,
Montmagny, Québec,
pour le compte des Éditions du Boréal